陈春花管理经典

组织的
数字化转型

陈春花 著

DIGITAL
TRANSFORMATION OF
THE ORGANIZATION

机械工业出版社
CHINA MACHINE PRESS

图书在版编目（CIP）数据

组织的数字化转型 / 陈春花著 . —北京：机械工业出版社，2023.8
（陈春花管理经典）
ISBN 978-7-111-73461-1

I.①组… Ⅱ.①陈… Ⅲ.①企业管理－组织管理学－研究 Ⅳ.① F272.9

中国国家版本馆 CIP 数据核字（2023）第 124834 号

机械工业出版社（北京市百万庄大街 22 号 邮政编码 100037）
策划编辑：白 婕 责任编辑：白 婕 王 芹
责任校对：龚思文 卢志坚 责任印制：郜 敏
三河市宏达印刷有限公司印刷
2023 年 9 月第 1 版第 1 次印刷
170mm×230mm·19.75 印张·3 插页·200 千字
标准书号：ISBN 978-7-111-73461-1
定价：129.00 元

电话服务 网络服务
客服电话：010-88361066 机 工 官 网：www.cmpbook.com
　　　　　010-88379833 机 工 官 博：weibo.com/cmp1952
　　　　　010-68326294 金 书 网：www.golden-book.com
封底无防伪标均为盗版 机工教育服务网：www.cmpedu.com

被数字技术
改变的世界

1989 年，接触互联网技术的用户不过 400 余人⊖；到 2021 年，根据 "We Are Social" 和 "Hootsuite" 发布的《2021 年全球数字报告》，全球互联网用户数已经突破 40 亿大关，这充分说明，全球有超过一半的人口生活在数字世界中。

数字世界是现实世界与虚拟世界并存且融合的新世界，这个新世界的到来，使人类社会发生了巨大的变化。

2021 年被定义为"元宇宙元年"，人类开始进入全新的未知世界，Facebook 的创始人马克·扎克伯格（Mark Zuckerberg）、字节跳动的创立者张一鸣以及腾讯的掌舵者马化腾等纷纷展现出对元宇宙赛道的投资热情。2022 年，越来越多的付费乘客开启太空旅行，埃隆·马斯克（Elon Musk）、杰夫·贝佐斯（Jeff Bezos）、理

⊖ 本尼斯.成为领导者：纪念版 [M].徐中，姜文波，译.杭州：浙江人民出版社，2016.

查德·布兰森（Richard Branson），以及谷歌的创始人拉里·佩奇（Larry Page）和谢尔盖·布林（Sergey Brin）都把探索飞行器作为新的方向。数字替身之旅、火星之旅、虚拟三维空间和真实太空空间……人类开启了对脱胎于现实世界的未知世界的探索。数字技术、智能技术与生命科学技术带来的全新想象，从不同维度颠覆着各个行业、各个领域，数字货币、云原生平台、自治系统、加密货币成长（Crypto grows up）、超级智能化、分布式企业等新概念应运而生并蓬勃发展，技术创新带来了无限的可拓展性和可成长性。

赫拉克利特（Heraclitus）说"一切事物都处在流变之中"，这句话用来诠释我们今天所处的世界最恰当不过了。

"流变"正是数字化时代最显著的特征。我们生活在一个数据、信息不断流动的社会环境之中，所有事物都因此发生着性质、表征上的变化。很多习以为常的事物，现在都变得不同，各种认知和观点在广泛传播的过程中彼此碰撞，不断演变。

有些变化给我们的发展带来了益处，同时也带来了更多困惑。人类对元宇宙与星辰大海的探索，在使人们燃起新希望的同时也带来了迷茫与无所适从；人口流动、老龄化，导致大城市的"虹吸效应"加剧；数字革命快速淘汰落后个体甚至群体，让人们感受到完全不同的生存压力；妖魔化、污名化蒙蔽事实，令人们混淆是非；数据治理、个人信息与隐私保护面临新的挑战；商业企业与社会企业、商业产品与公共产品如何实现边界融合；短期利益与长期价值的平衡如何把握；企业在不断拓展规模、拥有技术能量的同时该如何履行自己的使命……这些冲击、挑战、问题、压力等交织在一起，把人们带入了一个复杂、混沌的世界。

技术是带来挑战的关键因素，它渗透到人们生活的各个领域，其中一部分甚至给人类社会带来了毁灭性的冲击。人工智能（AI）的出现更令人胆怯，将要被替代的担忧加剧了一些人的焦虑：未来，人会身处何种境况？如何才能找到人在未来世界的价值与意义？

在这样一个流变的时空里，我们都需要做出改变，都需要去寻找解决方案。

微观创新涌现形成宏观环境

我也在不断地寻找答案，并向众多学者、企业家、高层管理者、学生征询看法。在持续的交流中，我慢慢发现和理解，因数字技术的广泛渗透和快速迭代，我们可以从微观层面去感知一些不同，从而理解宏观环境的变化。给我最大启发的，是凯文·凯利（Kevin Kelly）关于未来趋势的判断。

微观创新涌现形成宏观环境，这也许是一个与以往完全不同的视角，它可以帮助我们更贴近现象，更深入地理解本质。下面，我把从微观层面感知到的八个变化总结出来，它们是：

- 事物持续进化升级。

- 一切事物正在转换为数据。

- 跨界重组创新不断涌现。

- 深度互动与深度学习成为必然选择。

- 协同共生是关键。

- 连接比拥有更重要。

- 颠覆不是从内部出现的。

- 可量化、可衡量、可程序化的工作将由机器来完成。

事物持续进化升级。数字化时代，技术持续迭代升级成为宏观环境的基本特征之一，并由此推动产品迭代升级、行业重新定义、产品与服务加速融合。从产品到行业再到服务都在迭代升级，在这样的进化演变中，没有什么事物可以停留在原来的框架中，都必须进化升级。持续进化升级，是数字化时代对每个企业的根本要求。

一切事物正在转换为数据。今天，数据已成为一种新的生产要素。借助数据价值的挖掘，企业的新价值方向会在两个维度展开：一个是**模式创新**，另一个是**效率改善**。在管理实践中，一些企业管理者认为模式创新不是一件容易的事情，对传统企业来说尤其困难。他们认为，传统企业很难在模式创新中找到机会，数字化转型几乎是一项不可能完成的任务。但是，如果企业管理者充分认识到数据的价值，就会发现，效率改善也是一个新的价值方向。对于传统企业而言，效率改善是一个相对容易的选择，因为这是它们擅长的领域。从效率改善入手，传统企业的数字化转型就有了一个可行的抓手。以数据为中心，意味着企业可以获得效率改善与模式创新两个方向上的价值创新机会。

跨界重组创新不断涌现。 数字化时代的创新逻辑是数字技术与应用场景的连接和组合，即技术本身、应用场景、行动相关主体的价值共生。数字技术的演进具有无序、涌现和非连续的特征，在这个过程中，很多新的可能性涌现出来，它们通过不同的用途和组合，展开不同价值空间的拓展。如苹果手机、特斯拉电动汽车、腾讯微信、阿里巴巴支付宝等，都是在现有事物的基础上把数字技术与应用场景进行重组，从而形成新的事物，给顾客（用户）带来全新的价值。在数字技术的背景下，大部分新事物都是现有事物的重组。如果企业理解数字化时代的创新逻辑，实现创新的可能性会变得更大。

深度互动与深度学习成为必然选择。 虚拟现实（VR）、人工智能、无人机、远程医疗和云技术，这一切都已经存在于现实之中。随着技术的深入发展，深度互动与深度学习成为必然选择。通过深度互动与深度学习，人更具创造力，技术更具创造价值。事实上，我们不必担心机器像人一样思考，而是要担心人像机器一样思考。我们只有拥有深度互动和深度学习的能力，才能推动自身释放更大的价值。

协同共生是关键。 数字技术让分享更便捷、更高效，而且，分享越多，共生的新价值也越大。但是，我们要知道的是，获得全新价值的关键是协同共生。要实现价值创造，需要不断互动、协同与合作。如区块链使交易以分布式出现，它的去中心化、安全性、可靠性，使大规模的协同与合作成为可能，从而创造更大的系统价值。

连接比拥有更重要。在工业时代中成长起来的管理者，更在意自己所拥有的东西，但到了数字化时代，这恰恰可能成为最大的问题。在以流变为根本特征的数字世界中，持续的迭代与优化需要个人、企业打开边界，与外部进行广泛连接。因此，重要的不是你拥有什么，而是你能够连接什么。海尔、美的等企业之所以能成为领先的数字化转型制造企业，正是因为它们做到了将制造端与消费端连接，即与供应商、消费者有了更广泛的连接，从而实现了智能制造。由此可见，能否与更多的人合作、连接、集合智慧才是关键。

颠覆不是从内部出现的。在大部分情况下，人们是害怕被颠覆的，但又不得不面对被颠覆的事实。最令人不安的是，颠覆常常不是从内部出现的，而是在你不经意间甚至是在自信满满之时从外部出现的，就如电信行业的颠覆来自无线网络，相机行业的颠覆来自智能手机，银行业的颠覆来自电子支付一样。当你在自己熟悉的领域沾沾自喜的时候，却不知行业之外的竞争者已经为顾客创造了全新的价值，并获得了顾客的认可。但是，从另一个角度来说，这种颠覆也带给企业新的希望，因为颠覆来自外部意味着每个企业都有机会找到一个新的起点。

可量化、可衡量、可程序化的工作将由机器来完成。参观智能工厂时，生产线上的机器人、黑灯工厂、大规模制造实现个性化定制等使我对制造本身有了很多不同的认识。很多机构预测，到2035

年，超过60%的工作岗位将会部分或者全部被机器替代。数字技术淘汰低效者是一个基本趋势，并且在加剧发展。今天的管理者不但要理解这一趋势并跟上趋势的变化，还要深刻地认识到未来组织和人之间的关系将会彻底改变，更要认真思考在人机共生的组织形态中如何实现人的价值。

以上是我从微观层面感受到的宏观环境的八个变化，这些变化正推动着新的产业定义、新的商业价值以及新的组织形态的形成，或者说正在集聚形成企业新价值定义的环境基础，即"微观创新涌现形成宏观环境"。

为了适应这个全新的环境，企业必须进行根本性的变革——彻底改变经营活动，增加新的要素与能力，同时有目的地放弃原有的核心竞争力。这一切都对组织提出了新的要求，组织需要跟上环境变化的步伐，找到自己在数字世界中生存的方式。这也是我撰写本书对"组织的数字化转型"进行专题探讨的根本原因。

寻求答案

新事物涌现、新冠疫情冲击、绩效成长压力、风险和不确定性环绕着管理者，被动、"35岁职场焦虑"和无所适从等负面情绪在员工心中蔓延。同时，那些勇于探索、敢于自我革新、愿意创造社会价值的人，却能得到前所未有的非凡机遇。广泛焦虑与非凡机遇交织在一起的因缘际会，正是这个数字技术主导的世界的独特之处。

数字化已经渗透并重塑着人类社会的各个领域。我们的生活、学习、工作甚至自我认知方式，都变得数字化，或者被数字化思维深刻影响着。数字技术与各个领域的组合带来的生活便利、新价值空间以及全新体验，使商业与组织的边界不断拓展与延伸，商业价值与财富也因此提升到了一个前所未有的高度。苹果、微软、谷歌、亚马逊等数字巨头相继涌现，它们在帮助人们进入数字世界的同时，也引领着人类迈入未知世界。

如今，数据已经成为最重要的生产要素，数字技术被视为最具活力、最强大的力量，在颠覆着这个世界的同时，也重塑着这个世界。这给管理者提出了一个难题：在被数字技术改变的世界里，管理者如何塑造组织？个体、目标与可持续性一直是组织功能设计的核心因素，让人更有价值、保障目标实现以及为组织的可持续发展奠定基础是组织存在的根本意义。当个体价值崛起，当影响目标实现的关联因素越来越多、越来越不确定，当动荡与风险频频冲击组织的可持续发展时……如何塑造组织才能确保这三个核心功能价值不被淡化？

如同带来巨大变化的文艺复兴时代一样，现在我们所处的也是一个激动人心的时代。对那些善于把握机会的人和组织来说，这是一个充满机遇的时代。但对更多的人和组织来说，这也是一个充满威胁、令人焦虑不安的时代。组织将会面对更大的不确定性和复杂性，将个体与组织组合在一起将变得更具挑战性，远见、领导力、组织韧性与组织柔性将会替代控制、权威和组织固化。组织必须重塑自己的边界、功能和价值，员工与组织之间的关系必须转变，员工自主流动与多元雇用方式将会越来越普遍。组织与外部的关联也发生着与以往不同的变化，组织的边界将越来越开放，组织将置身于社区之中，与更多的外部机构构成更有价值的系统，承担社会责任并推动社会进步。

本书以"组织的数字化转型"为题，探讨组织在数字技术主导的世界中如何确保三个核心功能价值不被淡化，其中"重塑"是贯穿全书的关键词。重塑体现在哪里？首先，数字技术带我们进入数字化的世界，让我们感受到数字化成为一种新的生存方式。其次，数字技术与产业的融合推动各个领域进入新产业时代，即数据资产、数字技术源源不断地融入产业链上的各个环节，形成新的产业组合，产业数字化与数字产业化驱动各个领域获得全新发展，这也直接使数字化转型成为企业的必然选择。

我们从企业组织目标的实现切入，这涉及企业战略的定位和选择。数字技术推动新产业组合的出现，这使人们认识到各个行业都可以被重新定义，行业边界将不断被打破，新领域与新物种将不断涌现，影响战略形成的产业要素、能力与资源，以及企业自身的使命、愿景等都将被赋予全新的内涵，我们需要更新数字化生存方式下的战略认知，并做出全新的战略选择。

组织目标的有效实现，涉及组织管理模式、流程、组织结构和组织文化，换句话说，组织管理模式、流程设置、组织结构设计以及组织文化的优化，能够帮助组织利用有限的资源实现高效产出。管理者需要理解数字技术对这四个部分的影响，找到并确认组织管理模式的变化，理解流程的效率和局限性，理解组织结构设计的功能和局限性，理解组织文化的价值及变革的意义，并探讨流程和组织结构的重构，以及组织文化的刷新。这些讨论是我一直关注的组织效率问题的延伸，这意味着组织需要获得组织内外的系统效率，组织的基础职能需要从管控向赋能转换。

在我看来，组织最重要的功能是为每个组织成员赋能，并使其在工作中感受到生命的意义。虽然组织的有效性是通过目标的实现来检验的，但是我更在意的是对人的工作意义的思考，即如何在组织中让人感受到价值，如何让人发挥更大的作用并释放潜能。这部分探讨也反映出了我的一种认知——尽管越来越多的工作主体进入组织工作，包括机器人，但是人依然是最重要的核心。如果组织不能为人创造释放价值的机会，即便组织绩效目标能够实现，它也没有存在的理由。对今天的组织管理而言，让人更具价值是更急迫的问题，新的工作方式不应该是让机器替代人，而应该是更多地赋能于人，人力资源管理的重塑方向也必须回归人与组织的价值经营。

当组织处于变革与转型之中时，领导力比任何时候都更为重要，在组织的数字化转型中更是如此，所以本书第 6 章单独探讨数字领导力。我们都知道，领导者负有重要的责任，人们只有对带领他们实现目标的人抱有信心和信任时，才会愿意跟随并为实现目标做出贡献。我们也知道，数字技术带来的变化削弱了领导者的权威，领导者需要以新的角色出现在组织中。同时，每个组织成员都能独立创造价值，所以，领导力关乎每个人的责任和价值贡献，这需要企业转变思维方式，形成与这种变化相匹配的新型组织文化。

从顾客价值创造视角探索数字化转型的新价值空间，是组织可持续发展的基础。组织的数字化转型并不是为了转型而转型，也不是为了数字化而数字化，其核心是以组织价值活动的变化驱动组织转型。德鲁克明确指出：企业的目的只有一个正确而有效的定义，就是创造顾客。我们可以理解为，企业是为顾客而存在的，企业能否获得可持续发展，取决于其能否持续地为顾客创造价值。所以，组织围绕着为顾客创造价值的活动展开数字化转型，正是本书的底层逻辑。

本书所做的探讨，是为寻求答案，确切地说，是对答案的探索或者思考，它折射的是一部分企业管理者和我对这一主题的求索过程。对我而言，这本书也是我其他作品的延续和深入。为此，我展开了对企业的近距离观察，这些观察让我了解到企业实践比研究文字所展现出来的更加生动，研究与实践的互动更具探索性和时效性，也更具开放性和延展性，我满怀感恩。

数字技术依然以前所未有的速度发展和变化着，组织、管理层和每个个体依然要面临一系列的挑战、不确定性和压力，成功与否取决于我们是否敢于迎接挑战、自我转型与变革。正如管理思想大师查尔斯·汉迪（Charles Handy）所言："如果因为过去的羁绊错过了未来的发展，对我们而言将是莫大的悲哀。"⊖本书所关注的，其实是一种"塑造"（组织的自我塑造、管理层的自我塑造、每个个体的自我塑造），以及面向未来付诸行动。

⊖ 汉迪 . 拥抱不确定性：新经济时代的商业法则 [M]. 李国宏，译 . 北京：机械工业出版社，2020.

第 1 章

数字化生存与数字化转型

组织的数字化转型是指企业借助数字技术，赋能员工、顾客和伙伴，以帮助企业无限接近 C 端（顾客端），为顾客创造全新体验与全新价值的过程。

Digital Transformation
of the Organization

数字技术的迅猛发展，以及新冠疫情的全球暴发，使数字化渗透到各个领域的进程急剧加速。技术创新和数字技术发展带来的全新变化，成了企业在发展中必须面对的最重要的冲击、挑战和机会。由此，数字化转型成为企业的必然选择。

数字化成为企业的基本生存方式

在对领先企业（其中一些是数字原生企业，一些是数字化转型企业）的观察与调研中，我发现这些企业的数字化比例非常高，并且，它们都有一个重要特征，即比其他企业率先开始数字化进程，并收获了相应的成效。这个结论早在 2017 年普华永道发布的《2017 年数字化指数调查》中就已被指出。这份报告还显示：在全球范围内，明确将数字化融入企业战略的企业达到 70%；在中国，将数字化融入企业战略的企业达到 88%。

在对日常生活的观察和研究中，我发现，为生活提供解决方案，正是商业存在的意义。通过商业模式创新，数字化对日常生活的影响远比我们想象的更大、更深入。在新冠疫情期间，大部分生活解决方案都是借助数字技术完成的。在非疫情期间，人们也能从数字技术带来的新生活方式中感受到便利和美好。无论是社交、购物、就餐，还是出行、旅游，数字技术已经并且日益深刻地影响着生活中的各个领域，人们逐渐接受并认可数字智能为自己做出的选择。

数字化同样深刻地影响着我们对事物本质的理解。以顾客服务为例，在工业时代，一家企业要规划如何为顾客提供服务，需要考虑投入多少员工，如何提升每个员工的服务态度和能力，以确保为顾客提供良好的服务与体验；还需要考虑什么样的组织模式能确保这一目标的实现。而当数字技术嵌入后，企业想要为上万甚至十几万顾客提供更便捷、更到位的服务与体验时，可能只需要考虑增加两台服务器。

在数字化时代，人们的生活方式变了，商业模式变了，企业的增长逻辑和成长方式也因此变得不一样了。

数字化带来的五大变化

在感受这些真实变化的同时，我们不禁要问，数字化到底带来了什么变化？与工业时代相比，数字化时代有哪些完全不同的改变？

其实，这些改变发生在各个领域，我们将其归结为五大变化。

变化一：技术迭代

技术迭代的速度比我们想象的要快得多，从 Gartner（高德纳）每年发布的有关新兴技术成熟度曲线图中可见一斑。也正因为如此，人们常常用一句话来描述今天技术迭代的情形——"技术让一切变得可能"。技术的快速迭代要求企业不断进行自我革新和转型。

变化二：跨界颠覆

数据的有效挖掘和运用，使越来越多的领域出现了跨界颠覆。一些从未涉足某个行业的企业不仅进入了该行业，而且彻底改变了该行业的格局。这些新进入者对该行业边界的理解完全不同，也就有了跨界颠覆的商业模式创新。如零售业，过去，全球折扣零售连锁店的代表是沃尔玛，而今天，零售领域最具成长性、最能代表未来的是亚马逊。而亚马逊到底是一家什么样的企业呢？很难说它是一家零售企业，它更像是一家智能技术企业。再如出行领域，在如今这个时代，一家出行企业最关键的是要拥有一套出行软件，而不是拥有车辆和司机。数字技术带来的跨界颠覆，使人们对任何一个行业和企业的理解都不能停留在传统认知上。

变化三：强强联盟

更具有冲击力的变化是强强联盟的生态构建。数字技术提供了多企业协同共生、生态发展的巨大机会。行业领先者率先进入生态化、平台化的发展模式，它们和更多组织连接、联合，在更广泛的领域中获得强连接能力和协同优势。在数字化时代，如果一家企业没有足够的连接协同能力和广泛的合作能力，很可能会被淘汰。

变化四：为满足顾客需求持续变革

企业只有为顾客提供好产品、充分满足顾客需求，才能获得可持续发展。在工业化初始阶段，为了给顾客提供更低成本的好产品，福特创造了以更低成本、更高效率产出产品的"福特制"，其核心是将生产分工与员工有效组合。后来，这一生产模式被企业广泛应用。当消费者需求发生变化后，以消费驱动生产从而满足更多消费者需求的"丰田制"成为新模式，其核心是把生产和供应链组合在一起，以提高生产效率，降低生产成本，随后这一模式也得到了广泛应用。今天，海尔等企业开始实施把顾客纳入生产过程的新模式，即把顾客、企业、供应链端到端的全价值链拉通，实现生产与消费的双向协同。为了满足顾客需求，先是生产变革，紧接着是消费变革，如今又出现了生产与消费的协同变革。

变化五：个体价值崛起

数字技术带来的最显著变化，是强个体出现、人才更趋于流动，这意味着传统的雇佣关系有可能会消失。如今，人才跨边界流动已成大势所趋，人才在不同的企业和行业之间流动，传统意义上的"企业忠诚"不再被过度强调。由于个体价值的崛起，个体与组织之间的关系发生了根本性变化，由个体服从组织转变为个体与组织共生。

组织必须将个体目标纳入整体目标，为个体提供释放价值的机会与平台，才能与强个体组合在一起，从而获得持续的创造力。

能够认知和识别这些变化并妥善应对，是对管理者的基本要求。如果管理者没有能力认知和识别这些变化，无法做出有效的调整，就会导致企业的数字化转型陷入困境。因此，管理者不仅要有能力认知和识别出这些变化，还要能顺应变化并及时做出调整，这样才能引领企业把握变化带来的新机遇。

那么，管理者如何才能拥有认知和识别这些变化的能力呢？关键在于认识和理解"数字化"这一概念。

康德在《纯粹理性批判》[⊖]中提出了有关认识哲学的三个问题。第一个问题是："我能认识什么？"第二个问题是："我应该做什么？"第三个问题是："我可以期望什么？"在此，我借用这三个问题，与大家一起展开对数字化、产业数字化以及组织数字化转型的探讨。

数字化及新产业时代

康德的第一个问题是："我能认识什么？"相应地，本书的第一个问题是：**我们真的理解数字化吗？**

2012 年以来，互联网带来了彻底的消费革命，带来了线上繁

⊖　康德 . 纯粹理性批判 [M]. 蓝公武，译 . 北京：商务印书馆，1960.

荣，也带来了对传统行业的巨大冲击和挑战。由此，国内市场的虚拟经济与实体经济之争愈演愈烈，数字化也随之成为非常时髦的观点和概念。也正是从这一年开始，我对有关企业的数字化实践进行了持续 10 年的跟踪研究。

在这个过程中，我发现很多管理者对"数字化"这一概念的理解并不全面，大多只是停留在技术层面或商业模式层面，甚至把对具体的数字技术应用场景的感受当成对数字化的认知。之所以会出现这种情形，是因为"数字化"的概念一直在不断演化。最初，它只是一个与计算机相关的技术概念，后来从一个"技术术语"演变成一个"时代标签"——它预示着人类社会从工业时代迈向数字化时代。正因为"数字化"是一个正在生成和演进的过程，没有成功经验可遵循，没有标杆可借鉴，所以每个企业和每个人都要自己去探索、感悟和体验，最终找到自己的解决之道。

近 10 年，我从一些数字原生企业以及领先的数字化转型企业的探索与实践中总结出了自己对数字化本质的认知。我把数字化的本质特征归结为三点，分别是"连接""共生"和"当下"，这三个本质特征是区分数字化时代与工业时代的根本标准。

我用三段话来诠释这三个本质特征的内涵：

"连接"是指连接大于拥有。在工业时代，拥有资源和能力是企业具有战略能力和核心竞争优势的标志，但是在数字化时代却更强调连接，因为连接意味着企业能够广泛获得资源与能力，意味着企业能够与本不拥有的资源和能力发生关联，并使其为自己所用。

"共生"是指物理世界与数字世界融合形成新世界。这个融合共生而成的新世界为企业提供了完全不同的价值空间和发展空间。

"当下"是指运用数字技术把过去和未来都压缩到当下。企业从有限游戏进入无限游戏，不再采用单纯追求输赢的竞争模式，而是寻求持续成长的共生。

在《价值共生：数字化时代的组织管理》中，我曾经讲过："在工业时代，企业资源和能力是实现战略的关键要素，企业通过一系列的努力，获取资源，拥有能力，构建核心竞争力。在数字化时代，通过'连接'与'共生'，企业资源和能力不再受限于企业自身，而是有了很多的企业外部可能性，所以企业的核心关键是在理解'当下'的价值和意义中，寻求更大范围的资源与能力聚合。"[⊖]

数字化的核心是"连接"和"共生"，而无论是"连接"还是"共生"都需要跟上变化的速度。因此，理解"数字化"的概念时，我们要从变化和变化的速度着眼。换言之，数字化时代和工业时代的一个关键区别就是对时间的理解不同。想要理解数字化，我们必须更新对时间的认知，此时，时间不再是从过去到现在再到未来，而是超越一维的，是从地点到变化，再到加速度。

通过对时间的不同理解，我们也可以看到农业社会、工业社会

⊖ 陈春花.价值共生：数字化时代的组织管理 [M]. 北京：人民邮电出版社，2021.

和信息社会的本质不同——"永恒时间（上帝所在）、等长时间（金钱所在）和当下时间（体验所在）"，并进一步展开为，"农业社会的时间是自然存在的尺度……工业社会的时间是社会存在的尺度……信息社会的时间是意义存在的尺度"。[○]

有关这个问题的思考，我在《价值共生：数字化时代的组织管理》一书中做了一些介绍，在这里引用一部分以便于大家理解。

"我们沿着这个思考的维度去理解，农业时代，自然存在着就是最有价值的……不能人为去改变，哪怕今天很多技术能够改变自然生命的状态，也还是依然要理解生命本质的意义，农业社会的时间是以生命实体功能的状态来度量的。"

"工业时代，机器革命的出现，使得人们不再度量自然存在状态，而是度量机器带来的效率与速度，其核心价值就是，如何以更高的效率获得更大的产出。……大规模生产成为核心标志，最重要的就是效率。人们常说'时间就是金钱''效率就是金钱'。"

"信息时代，快速变化、信息过载等的影响，导致人们最关注价值感知。……人们不再单纯关注效率与速度，因为变化的速度已经成为一个基本要素，更加需要关注的是，当下这个时代为人们的生活赋予的价值和意义是什么，以及附加值会有多高。"[○]

○ 洛西科夫. 当下的冲击：当数字化时代来临，一切突然发生 [M]. 孙浩，赵晖，译. 北京：中信出版社，2013.

○ 陈春花. 价值共生：数字化时代的组织管理 [M]. 北京：人民邮电出版社，2021.

数字化给企业带来的最直接的变化，就是人们保持原有竞争优势的时间变短了。即使你曾经非常强大，一旦改变的速度不够快，你就会很快被淘汰。在数字化时代，问题不是有没有竞争优势，而是获得竞争优势的条件越来越高、难度越来越大，保持竞争优势的时间越来越短。这些不仅发生在技术创新领域，也发生在所有产业中，其具体体现是"与企业相关的三个最重要的事项发生改变：争夺顾客的窗口期、企业寿命以及产品生命周期都在缩短"。[⊖]

关于争夺顾客的窗口期缩短，如 QQ 和微信都是腾讯的产品，QQ 获得 5 亿用户花了 10 多年，而微信只用了 3.5 年。我们再看看企业寿命，现在，一家企业从 0 到 1、从 1 到 N，速度已经非常快了，小米公司进入《财富》世界 500 强只花了 8 年。同时，这也意味着其他企业被淘汰的速度在加快。这就是企业寿命在缩短。关于产品生命周期缩短的体验更明显，在工业时代，一个产品能够让顾客用好多年；今天的产品，如智能产品和数字产品，必须更快地迭代升级，否则就无法满足顾客不断变化的需求。这就是产品生命周期在缩短。"时间轴"变短已经成为人们的共识。

理解数字化，需要理解"连接""共生"和"当下"的内涵，并通过"连接"和"共生"去重新定义企业或者行业的新价值，聚焦"当下"的意义及价值创造。这是企业能够真正进入数字化时代的关键。如果不能从本质特征上去理解数字化，我们很有可能如微软自

⊖ 陈春花. 价值共生：数字化时代的组织管理 [M]. 北京：人民邮电出版社，2021.

我反思时说的那样：我们虽然创造了移动技术，却被排除在移动世界之外。

如果将第一个问题继续延伸，接下来我们要思考的是：**我们真的理解新产业时代吗**？

从 2015 年起，我们便开始讨论互联网上半场和下半场的不同。互联网上半场最直接的改变是消费端和零售渠道端的改变，因此，这一时期又被称为消费互联网时期。2015 年，线上线下打通，线上企业开始转向线下，赋能传统产业，而线下企业也开始转型，希望构建线上的能力。从某种意义上来说，正是从这个时候起，数字技术开始从消费端进入产业端，融入各个领域。

随着数字技术融入产业端，一个产业新时代开始了。在互联网的上半场，很多人认为是虚拟经济冲击了实体经济，带来了实体经济的"集体焦虑"，但是，事实上，并不是因为虚拟经济冲击了实体经济，而是因为消费端改变了，顾客开始淘汰你了。因应这个变化，实体产业必须融合数字技术去满足顾客需求，为顾客创造全新的价值。让我真正担心的是，很多实体企业的管理者没有真正认识到这一点。

被称为"信息革命"的第四次工业革命使人们迈入智能时代，各种新技术相互"连接"，创造了一个与以往完全不同的"新世界"，这令人既兴奋又焦虑。兴奋的是越来越多的可能性展现在人们面前，焦虑的是面对很多正在发生和将要发生的变化，人们是那样无知。

更令人不安的是，前三次工业革命，创新技术淘汰的都是工具，而第四次工业革命，创新技术开始淘汰落后的人，智能机器替代人发生在各个领域。

第四次工业革命带来的这一变化也正是新产业时代的特征，如果不能理解这一点，也就无法理解产业数字化的核心特征。在传统产业革命中，人们不断提高机器的效率，以获得更大的效能。而新产业革命把机器和人组合在一起，追求人机协同的更高效率，用机器把低效率的人替代掉，这意味着在产业价值网中，围绕着产业成本和生产效率的改善，将会出现多种人机组合，而不再仅仅依靠人。

数字技术融入产业，产生新价值，是新产业时代最重要的变化。数字化资源将通过各种形式源源不断地渗透产业链上的各个环节，无数新产业组合由此诞生，这就是"所有的产业都可以重新做一遍"的根本原因。

比如，关于新旧动能转换的讨论，其中一个重要议项就是实现新产业组合，增加新的附加价值。如果企业想找到未来的新增长点，最核心的方向是融入数字技术、智能技术等新技术。新兴产业的增长，很大一部分源于数字化对产业的推动，即新产业组合的出现。

这些新产业组合也说明新产业时代和工业时代是完全不同的。在工业时代，企业对产业已有要素进行组合和重组，其产业空间并未发生本质上的改变。而在新产业时代，数字化把原有产业要素更新为数字要素，数据资产与数字技术渗透产业链上的每一个环节并产生新的组合，新组合使产业空间发生了根本性的变化。

以如今频繁被讨论的零售行业为例，传统零售与新零售的经营方式不同，效率也不同。世界银行发布的《2019 年世界发展报告》显示，阿里巴巴通过线上服务分布在 220 个国家和地区的 900 万商户实现自己的业务价值，而沃尔玛通过线下服务分布在 28 个国家和地区的 11 718 家店实现自己的业务价值。[⊖]当新型商业模式与数字技术融合时，生产效率和成本模型就彻底改变了，正因为如此，阿里巴巴被认为是一家互联网公司，而沃尔玛是一家零售企业。

产业成本不同，生产效率不同，价值空间不同，成长速度不同，这是数字化带给产业的根本变化。数字化赋能产业，让产业的价值被重新定义。

数字化转型是必然选择

康德的第二个问题是"我应该做什么？"，对于这个问题，本书做出的回答是：**组织的数字化转型**。

这并不是我一个人的答案，而是那些领先企业通过实践得出的答案。它们坚定地迈入数字化进程，并持续打造出全新的价值体系，这使它们不仅把握住了数字技术带来的广泛发展机遇，而且为组织

⊖　世界银行集团 . 2019 年世界发展报告：工作性质的变革 [R]. 上海：世界银行集团，2018.

构建了面向未来的持续成长能力。看到它们取得的成效，众多企业纷纷效仿，但大部分企业也因此感受到了更大的压力——数字技术带来的压力、新产业时代带来的冲击等。这些压力时刻提醒企业管理者，如果无法完成数字化转型，企业将被新产业时代淘汰。

由此，数字化转型已经成为企业家与管理者的共识。那么，如何实现数字化转型？要想完成这一过程，从认知、战略、组织到文化乃至每个组织成员的行为都需要做出改变。正因为如此，很多企业家虽然明确认识到数字化转型的重要性和必要性，在实施过程中依然力不从心。与我有过交流的很多企业家都为数字化转型投入了大量的资源，包括努力进行自我学习提升，但是效果依然不尽如人意。正因为如此，我决定撰写这本书，对组织数字化转型的相关问题进行探讨，为企业管理者拨开心中的迷雾。

数字化转型的定义

我们先来看看数字化转型的定义。关于什么是"数字化转型"，可谓众说纷纭，到目前为止，还没有一个被广泛认同的定义。我想，这主要是因为"数字化转型"还在持续变化着，人们可以从多个维度去界定它。但这带来的后果是，大部分人对"数字化转型"的理解是模糊和混乱的，甚至有人认为，数字化转型就是 ERP（Enterprise Resource Planning，企业资源计划)，所以应该由 IT 部门来推进。

有关"数字化转型"的讨论非常多，可以大致归为三大类：技

术层面、业务层面以及企业层面。在这三大类中，我聚焦企业层面
的组织管理，试着从组织的视角去解释什么是"数字化转型"。为了
使大家更易于理解，我借用教育哲学的代表人物伊士列尔·谢富勒
（Israel Scheffler）在其《教育的语言》[⊖]一书中提出的三种对教育的
定义方式，即约定型（Stipulative）、叙述型（Descriptive）和计划
型（Programmatic），来对数字化转型进行诠释。

方式 1："数字化转型"的约定型定义

约定型定义是指为了叙述和表达的方便而指定某些词语代替
某一词语，或者规定某一词语所代表的意义，简单来说，就是定义
者自己创制的定义。按照约定型定义方式，一部分人是按照自己
界定的"数字化转型"概念内涵来使用该词的。比如，黑内尔特
（Hanelt）等人将"数字化转型"定义为"由数字技术的广泛传播引
发和塑造的组织变革"[⊜]；还有人将"数字化转型"定义为"企业运用
数字技术的创新过程，通过重塑企业愿景、战略、组织结构、流程、
能力和文化，以适应高度变化的数字环境"[⊜]。

方式 2："数字化转型"的叙述型定义

叙述型定义是指适当描述被界定的对象或使用该术语的方法，

⊖　谢富勒. 教育的语言 [M]. 林逢祺，译. 台北：桂冠图书股份有限公司，1994.
⊜　Hanelt A，Bohnsack R，Marz D，et al. A systematic review of the literature on digital transformation: Insights and implications for strategy and organizational change[J]. Journal of Management Studies，2021，58（5）：1159-1197.
⊜　Gurbaxani V，Dunkle D. Gearing up for successful digital transformation[J]. MIS Quarterly Executive，2019，18（3）：209-220.

常用于澄清概念，目的是解释意义。词的意义是随时间而变化的，而且词的意义本身可能就是模糊的，因而叙述型定义常常会出现模棱两可的情况。即使是同一概念，使用者在不同的情境中也可能赋予其不同的含义，通过对该概念的重新描述而得到新的定义。因此，像"数字化转型"这样的词，会有多种叙述型定义也就不难理解了。正因为叙述型定义的随意性大，所以采用这种定义方式不利于人们对"数字化转型"形成清晰稳定的认知。

叙述型定义回答的是"数字化转型实际上是什么？"的问题。比如，徐蒙认为"企业数字化转型涵盖多方面的内容，概括而言，是指利用数字技术使企业在商业模式、管理架构、企业文化等方面不断变革创新，从而逐步释放数字技术对经济发展的放大、叠加和倍增作用"[⊖]。

方式 3："数字化转型"的计划型定义

计划型定义描述的是一个方案，指向具体的实践，告诉人们事物应该成为的样子，强调的是实际的功能。"通用定义就是透过这种实际功能，来体现各种社会措施或反映人类心理习惯的。"[⊖]因而，"数字化转型"的计划型定义是通用定义，通常讨论的是数字化转型的方案、方法、目的和工具等。

内森·弗（Nathan Furr）与安德鲁·希皮洛夫（Andrew Shipilov）

⊖ 徐蒙. 数字化转型与企业创新 [J]. 企业经济，2020，39（12）：54-60.

⊖ 谢富勒. 教育的语言 [M]. 林逢祺，译. 台北：桂冠图书股份有限公司，1994.

访谈了 60 多家公司和数百名企业高管后指出，"数字化转型最好的结果来自适应而非再造……对大多数公司而言，数字化转型意味着通过渐进性步骤传递核心价值主张，而非根本性破坏。数字化转型的关键在于，关注用户需求、组织柔性及尊重渐进变化等，以不断抓住数字技术带来的机遇"⊖。本比亚·欣德（Benbya Hind）等认为，"现有的关于数字化转型的定义较多，数字世界的复杂性和数字化带来的棘手问题，使个人和组织转向寻求数字化解决方案"⊜。韦影和宗小云则提出，"企业在适应数字化转型的过程中，其动态能力构建主要集中在四个方面：感知能力、获取能力、转化能力和整合能力"⊜。《企业数字化转型白皮书（2021 版）》指出，数字化转型的本质是通过数字技术和数学算法先行切入企业业务流，形成智能化闭环，使得企业的生产经营全过程可度量、可追溯、可预测、可传承，从而重构质量、效率、成本的核心竞争力。

从文献研究的角度看，数字化转型可以用三种定义方式去理解，这些不同的定义方式可以帮助我们找到关于数字化转型的更有意义的研究价值。而回归管理实践，从这些纷繁复杂的定义中找到清晰的界定，并转化为具体行动方案，更是企业家、管理者所关注和期

⊖ Furr N, Shipilov A. Digital doesn't have to be disruptive: The best results can come from adaptation rather than reinvention[J]. Harvard Business Review, 2019, 97（4）: 94-104.

⊜ Benbya H, Nan N, Tanriverdi H, et al. Complexity and information systems research in the emerging digital world [J]. MIS Quarterly, 2020, 44（1）: 1-17.

⊜ 韦影, 宗小云. 企业适应数字化转型研究框架：一个文献综述 [J]. 科技进步与对策, 2021, 38（11）: 152-160.

待的。

基于此，我决定从实践的视角，从组织层面来诠释什么是"数字化转型"。在我看来，**组织的数字化转型是指企业借助数字技术，赋能员工、顾客和伙伴，以帮助企业无限接近 C 端（顾客端），为顾客创造全新体验与全新价值的过程。**

按照这个定义，组织的数字化转型是企业从战略到执行、从业务到流程、从文化到能力、从企业到伙伴、从线下到线上的数字化重塑。在实践中，组织的数字化转型常常从对现有商业模式的重构开始，然后更新业务模式及变革，推动组织内外部的广泛协同及工作方式的改变，最终引发更深层次的企业文化变革，形成全新的组织思维与组织价值。

关于本书

康德的第三个问题是"我可以期望什么？"，相应地，本书的第三个问题是：**如何实现组织的数字化转型？**

本书的写作目的，是探讨如何实现组织的数字化转型。企业实践和相关研究都表明，数字化转型不只是 IT 部门的改变，也不只是商业模式的重构，而是需要对企业进行整体的变革，对战略空间、组织价值活动和员工能力等进行全方位的变革和重构，最终为顾客构建全新的价值空间。

　　在理解数字技术带来的环境变化、梳理组织数字化转型定义的基础上，本书从第 2 章开始探讨实现组织数字化转型的相关议题。首先介绍在数字技术的背景下，企业如何重新定义战略，构建新的战略认知框架，真正理解超越行业的联通效应，从工业时代的竞争逻辑转向数字化时代的共生逻辑。在这一章里，我将探讨数字技术对战略空间、底层逻辑、行业边界的影响，并介绍我和合作者得出的研究结论：在新产业时代，企业更需要构建共生战略，而非工业时代的竞争战略。

　　第 3 章介绍如何重构组织价值，形成支撑数字化转型的组织体系。组织数字化转型的核心是赋能员工、顾客和伙伴，目标是决策权与资源向一线员工转移，向顾客转移，向伙伴转移。如果企业依然沿用旧的、以管控为主的组织体系，是无法真正实现赋能的。这也是一些企业利用了很多数字技术，也展开了流程与业务的数字化转型，却依然得不到效果的主要原因。一家没有进行组织数字化转型的企业，充其量只是借用了数字化的"壳"，并未触及本质。

　　第 4 章围绕人力资源管理的重塑展开。本章着重探讨数字技术对人力资源管理的关键影响，从人力资源管理的基本功能出发，引导企业管理者转变人力资源传统的专业职能，理解数字技术赋能人力资源带来的相应变化，快速调整人力资源，跟上环境变化、技术变化、员工需求变化、员工技能重塑的变化，以达成与企业战略高效契合的新要求。

　　第 5 章探讨新工作方式，即数字工作方式。组织的数字化转型需要每一个成员都做出改变，这些改变集中体现在数字工作方式上。首先需要组织成员在工作成效的认知上做出改变，把自己融入价值创造活动，而不仅仅是承担一个"螺丝钉"的岗位角色。其次需要构建一个数字工作系统，包含一套数字技术，形成敏捷团队。最后需要实现数字个体的转化，从传统意义上的个体转变成为今天的数字个体。

　　第 6 章关注数字领导力的构建。组织的数字化转型是企业整体的自我变革，是日积月累地从组织辐射到组织中每一个成员的改变过程，因此，领导力至关重要。其中，最重要的是更新领导力为数字领导力。企业管理者不仅要更新思维模式，更要转变领导功能。必须强调的是，这一切都需要领导者落实到行动中。很多时候，企业管理者虽然已经深切感受到了数字化转型的迫切性，但仍然会在行动上出问题，其根本原因在于领导者没有坚定地选择数字化转型，没能在遇到困难时坚持不懈。

　　第 7 章介绍组织数字化转型的三维空间，这也是本书的底层逻辑。组织的数字化转型最终要体现在顾客的价值感知中，所以，战略、组织、领导力、人力资源、工作方式的数字化转型最终都要落实到顾客端。为此，本书总结出一个价值框架——"组织数字化转型的三维空间"，三维分别指的是业务-顾客维度、运营-组织维度、产业-伙伴维度。通过这个三维空间的构建，组织数字化转型的效能就能转换为顾客体验与顾客价值，从而实现企业的价值成长，让企业真正拥有数字化能力。

第 8～12 章介绍的是具体的企业实践案例。其中，腾讯公司企业微信赋能传统企业数字化转型，并为其搭建了技术平台；波司登品牌的升级带来了广泛的市场影响，数字技术如何在背后发挥作用，非常值得关注；首钢股份以数字技术为切入点，给我们展示了传统企业数字化转型的路径和方法；东鹏饮料搭建的数字化营销平台，不仅能够赋能产业伙伴，还能赋能其他行业的企业数字化转型；作为保险中介的大童通过数字化转型走出了一条产业价值新逻辑之路，其方法和行动更具借鉴意义。

这些企业的实践能帮助我们更好地理解组织在数字化转型中遇到的挑战、问题以及解决方案。无论组织大小、所处行业、发展阶段，以及采用的数字技术工具有何不同，我们都能从这些企业的实践中找到值得借鉴之处，从而走出自己的数字化转型之路。

数字化转型是领导者的职责所在。无论是对企业数字技术的投资，还是自身的认知革新，都需要领导者从技能到心性的彻底转变。企业领导者要有意愿去挑战未知和不确定性，要有能力去解决难题和战胜自我，要有积极性去利他共生、创建致力于共同生长的目标，要有格局去接纳伙伴的价值创造，要有谦卑之心去认识自己的局限性，从而寻求互为主体的协同共生价值。如果你能做到这些，就会发现，你的企业可以基于腾讯、微软、英特尔、阿里巴巴等企业搭建的技术基础设施和数字技术平台走出自己的数字化转型之路。现在你要做的，就是付诸行动！

Digital Transformation
of the Organization

第 2 章

重新定义战略

在数字技术背景下，企业从"满足需求"转向"创造需求"，顾客价值从"挖掘确定性"转向"探索可能性"，战略认知框架和底层逻辑由"竞争逻辑"转向"共生逻辑"，企业发展的空间也由"行业"转向"生态空间"……这些根本性的改变，意味着企业战略也会从"竞争战略"走向"共生战略"。

Digital Transformation
of the Organization

从组织目标实现的经营场景出发，每位企业管理者都需要进行三方面的训练：第一，在环境变化中寻求战略机会。管理者要学会关注环境变化给企业带来的机会，而不仅仅是感受其带来的冲击或者压力。第二，确定企业的战略空间。机会很多，哪一个才是属于你的战略空间？环境越是不确定，有能力创造战略空间的企业越有机会。第三，找到企业和顾客之间的价值共鸣点。真正与顾客在一起，企业才会获得价值成长。这三方面也是制定企业战略时要确定的关键问题。

战略认知框架与底层逻辑

从 2017 年开始，我和廖建文老师便围绕数字技术对企业战略发展的影响这一主题展开了持续研究。我们发现，随着数字化的深入，企业战略发生了一些根本性的变化，这些变化首先体现在战略的底层逻辑上，并由此带来了战略认知框架的更新。

数字化时代与工业时代的一个很大不同是时间轴发生了变化。这主要体现在两点：一是技术创新的速度更快，变化与发展超出了人们的想象；二是技术创新普及的速度更快，快速的普及发生在各个领域，令人应接不暇。技术创新的速度与技术创新普及的速度叠加起来，使时间的价值与意义完全改变。以往，很多产业与时间无关，有较长的生命周期和稳定的战略空间，老品牌可以发展成为百年老店。但是，今天这些老品牌却受到了巨大的冲击，甚至不再获得90后的青睐，他们更热衷于新生品牌、新物种，这就是技术创新和技术创新普及的速度加快导致的。

从价值空间来看，企业需要从多个维度制定发展战略。只有多维度发展，企业才能知道机会在哪里，而不再是简单地讨论"升维"和"降维"。以往，管理者关注的是企业自身的核心优势，或者在某一方面独占资源以获得在市场中的竞争优势。而在数字化生存环境下，企业保持核心竞争优势的时间缩短，企业所追求的"护城河"也逐渐失去效用。变化的复杂性已经超越企业原有的认知，在数字技术革命的挑战下，企业的战略机会、战略空间以及顾客价值共鸣点正在被重新定义。

下面，我将从战略机会、战略空间和顾客价值共鸣点三个方面来阐述数字化战略认知框架的更新和底层逻辑的改变。

如何识别战略机会

　　数字化时代遵循的是由数据、协同、智能驱动的数字化商业范式，它与工业时代各行各业所奉行的惯例有着天壤之别。因此，工业时代与数字化时代之间是一种非连续性跨越，也就是说，一家企业在工业时代做得很好，并不意味着它在数字化时代也能做得很好。近几年来，我讲得最多的一句话是"沿着旧地图，找不到新大陆"。现在和未来之间可能存在巨大的鸿沟，不同的商业范式之间存在断点、突变和非连续性，企业不能习惯性地用已有的逻辑来看待未来的发展（见图 2-1）。

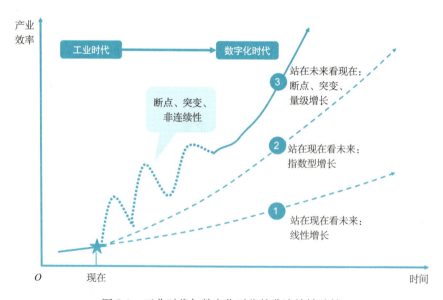

图 2-1　工业时代与数字化时代的非连续性跨越

资料来源：陈春花，廖建文. 数字化时代企业生存之道 [J]. 哈佛商业评论（中文版），2017（11）：154-158.

数字化时代，一切正在被重新定义。

比如，在人们所熟悉的零售业，新零售与传统零售完全是两种不同的发展逻辑。传统零售的核心价值点是人、货、场，新零售的核心价值点则是在线购物、在线支付和物流配送。在传统零售模式下，购买者必须到卖场才能实现购买。而在新零售模式下，购买者在线即可完成购买，然后等着货品配送到家，人们实现购物的方式被改变了。

再比如，在数字化时代，知识付费使知识内容创造发生了巨大的改变，这是因为知识付费并不是直接为知识本身付费，而是以知识为载体，为筛选知识、提供知识的服务付费。也就是说，人们间接向知识的传播者与筛选者支付报酬，为获取知识的服务付费，价值创造的方式发生了根本性改变。

同样的情形也出现在汽车行业。作为一家电动汽车制造厂商，特斯拉给整个传统汽车行业带来了猛烈的冲击，其原因正是特斯拉让汽车不仅仅是一辆汽车，更是厂商与消费者交互的触点。它通过各种新技术、新应用的融入，为顾客持续创造新价值，厂商创造价值与顾客获取价值的方式都发生了改变。

还有很多行业正在经历这样的变化：在 IT 领域，从 PC（个人电脑）到笔记本电脑，再到云端服务；在数码行业，从传统的照相机到数码相机，再到带有拍摄模式的智能手机……数字化时代的行业领先者采用了与工业时代截然不同的商业模式和发展逻辑——价值创造、竞争要素、行业边界都在被重新定义。

在工业时代，企业的机会来自产业自身的价值，企业是线性发展的，所以企业需要关心成本、规模和利润。消费者购买的逻辑也是如此，如果觉得划算就购买，反之就拒绝购买。而在数字化时代，企业的机会更多来自新的价值创造，企业更关心价值、创新和变化速度；消费者也会回归最本质的需求，聚焦在明确的价值获取上，如果一个产品没有他们认可的价值，哪怕再划算他们也不会购买。

一个有意思的发现是，在数字化时代，促使行业迭代和改变的并不都是大企业，很多反而是小企业和新创企业。大企业往往倾向于守住自己原有的优势，不愿重新定义行业，反而是一些小企业，更愿意寻求突破的机会。因此，在数字化时代，企业的大小变得不再重要。一旦行业被重新定义，边界就会被突破，行业游戏规则也会被打破，这时，大企业更容易遭遇巨大的挑战、转型困难，小企业反而能快速崛起。

如何确定战略空间

战略选择本身就是为企业界定战略空间。为什么一些企业能够几十年坚持一个大的战略方向不变？因为其领导者从一开始就决定为公司找到一片大海，在他们的认知里，大海里才能长出大鱼。这就是战略空间的概念。

在经典的战略体系内，对战略问题的回答主要从三方面去审视。

一是产业条件，判断机会在哪里，即哪些是"可做的"；二是资源能力，判断企业自身的优势，回答哪些是"能做的"；三是优势选择，这取决于企业的初心和梦想，也就是愿景与价值追求，回答哪些是"想做的"。换个角度来说，"想做的""能做的"和"可做的"，确定了企业的战略空间。

工业时代对这三个问题的回答是：企业自身的使命与初心决定"想做的"，企业已有的资源能力决定"能做的"，企业所处行业的产业条件决定"可做的"，这三者共同决定了一家企业的战略选择。所以，工业时代的企业领导者，从自己的梦想和愿景出发，站在企业自身的角度，对企业进行内部资源与能力、外部环境与产业条件的分析，最终做出企业战略空间的选择。

在数字化时代，企业战略的核心出发点不再是企业，而是顾客。企业对战略空间选择的探讨是从顾客端展开的，围绕着顾客价值创造寻求解决方案。核心出发点之所以不同，是因为数字技术打破了行业边界，跨界让"可做的"不再受限于行业，让一切几乎都可做。数字技术还带来了广泛的连接，使"能做的"取决于企业与谁连接，企业因此不再受限于自己原有的资源和能力。同样，在数字技术的赋能下，企业完全有机会为价值主张赋予新的意义，从顾客价值出发，"想做的"就有了更多的选择和空间。"跨界""连接""赋新"成为数字化时代战略空间的新答案（见图 2-2）。

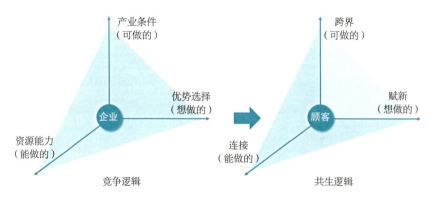

图 2-2　重新定义战略空间

资料来源：陈春花，廖建文 . 打造数字战略的认知框架 [J]. 哈佛商业评论（中文版），2018（7）：
118-123.

如何寻找顾客价值共鸣点

无论是工业时代还是数字化时代，企业战略的落脚点一定是为顾客创造价值，没有顾客价值，也就没有战略。顾客才是解开战略选择谜题的唯一钥匙。现在，我们需要解决如何寻找顾客价值共鸣点的问题。

如前所述，在工业时代相对稳定的环境中，战略空间由产业条件和资源能力确定，企业能够做出选择是因为具有两个前提条件：行业边界相对确定，资源能力相对可靠。而在数字化时代，这两个前提条件都发生了根本性变化，行业边界不断被打破，资源能力可通过连接重构。在这种情况下，我们需要知道确定的东西到底是什么。

当一切变得不确定时，相对可靠的反而是顾客，顾客以及顾客价值是相对明确的部分。同时，数字技术的发展让企业更容易贴近顾客、创造顾客需求以及服务顾客，也让企业更深入地洞察顾客，为其提供更直接的体验、更多的价值支持。比如，我在购书网站购买一本书时，看到了与这本书相关的有价值的推荐，最终我买了六本书。我并未因为花费更多而感到不快，反而觉得非常愉悦。

　　通过与廖建文老师一起进行研究，我们发现，"顾客主义来临，意味着战略的重点要从'挖掘确定性'转向'探索可能性'——用不断更新的技术去洞察、满足和引领顾客不断变化的需求"⊖。对顾客价值可能性的探索，持续拓展着企业的战略空间，甚至创造了新的发展趋势以及新的价值空间。我们将得出的结论总结为顾客主义的RIIF 战略模型（见图 2-3）。

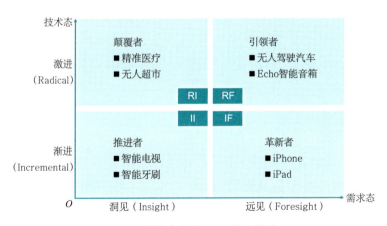

图 2-3　顾客主义的 RIIF 战略模型

资料来源：陈春花，廖建文. 顾客主义：数字化时代的战略逻辑 [J]. 哈佛商业评论（中文版），2019（1）：126-131.

⊖　陈春花，廖建文. 顾客主义：数字化时代的战略逻辑 [J]. 哈佛商业评论（中文版），2019（1）：126-131.

今天的企业管理者在确定企业战略时，不妨问自己四个问题：

第一，你知道顾客的期待是什么吗？事实上，并不是每家企业都清晰地知道顾客的期待是什么，大部分企业是按照自己对顾客的理解来开发产品、提供服务的。如果要洞察顾客的需求，一定要接触到顾客，但是很多企业的高层管理者恰恰是离顾客最远的那一批人。

第二，你能给顾客带来想象吗？我非常钦佩苹果公司，它所研发的 iPhone 带给人们巨大的惊喜，让人类踏上了由智能手机开启的全新旅程，而且这份惊喜还延伸至更多领域。这需要企业具有非凡的想象力，能带给顾客深刻的共鸣和深远的影响。

第三，未来有哪些技术会对行业产生影响？渐进技术是指在产业领域内演进出来的技术，理解这些技术的演进变化，并结合其在企业所在领域的应用，在自身产品和服务上持续更新，必然会给顾客带来更有效的帮助。

第四，你有应用激进技术、突破常规的能力吗？相对于渐进技术而言，激进技术更具有不确定性和风险性，同时也更具有可能性和未来引领性，这需要企业不但具有长远的眼光和长期投入的能力，而且要有强烈的愿景，能克服内部阻力达成共识。

这四个问题，是企业"探索可能性"的四个维度。由此我们会发现，寻求企业发展空间有多种不同的方式。在变化之中，从顾客价值出发，对技术进行理解、应用并创造性地加以实现，会给企业带来无限的可能性。

战略认知框架的更新：从"竞争逻辑"到"共生逻辑"

从战略机会、战略空间和顾客价值共鸣点三个方面我们可以看到，工业时代与数字化时代之间存在着根本的不同。

在工业时代，企业的战略空间来源于"比较优势"和"满足需求"。只要一家企业比其他企业的优势多一些，满足顾客需求做得好一点，就可以在竞争中取胜，并获得战略空间。由此，企业就能确定自己的战略。

以电脑行业为例。最初，苹果公司认为电脑只能用于专业应用领域且不能兼容，这导致其市场空间非常狭窄，但因为它有比较优势，所以仍然确立了自己的领先地位。而 IBM 认为电脑可以兼容，努力满足更多顾客的需求，市场空间因此变大，最终 IBM 超越了苹果公司。康柏公司创始人认为电脑应该成为个人用品，并致力于满足个体对电脑的需求，康柏因此一跃成为行业的佼佼者。戴尔发挥了另一种比较优势，把电脑变成个性化定制产品，它开创的直接定制模式使其成为当时最具竞争力的公司。联想在成本与渠道端发挥比较优势，让电脑变成大众消费品，于是后来联想成为 PC 龙头企业。电脑行业领先品牌不断更替的过程，也是顾客需求迭代升级、各家企业创造比较优势的过程。

由电脑行业的发展历程可见一斑，在工业时代，行业和资源的边界相对清晰，企业在一个边界分明的空间里寻求立足点，遵循的是"竞争逻辑"。企业在产业空间里从"比较优势"和"满足需求"两个维度出发做出选择，就能够获得战略空间，并在与竞争对手的竞争中取胜。

现在，我们需要正视一个事实：大部分行业在原有空间里都出现了供大于求的情形，仅仅"满足需求"已经不能再释放空间，这也决定了企业很难获得比较优势。因此，企业要追求战略空间就需要寻找新的出路，也就是努力挖掘数字技术带来的全新可能性。在数字化时代，企业需要换一条路走，不能再简单地"满足需求"，而要去"创造需求"。为了达成顾客价值创新的目标，企业需要拥有新能力，连接更多资源，所以，今天的企业不应寻求"比较优势"，而应寻求"合作共生"。

人们已经认识到，"创造需求"的空间远远大于"满足需求"的空间，如果要获得新的发展空间，"创造需求"是一个根本出路。所以，越来越多的企业致力于拓展更大的战略空间。而新的战略空间来自创造需求和顾客价值创新，为此，战略底层逻辑必须从"竞争逻辑"转变为"共生逻辑"，与更多的伙伴合作（见图 2-4）。

再回到电脑行业，在数字化时代，苹果公司重新定义电脑的价值，将其确定为移动终端产品。改变从 iPad 开始，iPad 是一个颠覆性的产品，具有划时代的意义，一经推出就备受消费者青睐。当时我恰好到美国出差，买一台 iPad 成了一件非常重要的事情。到了美国我才发现，我所住酒店附近的 10 家苹果商店门前都排起了长队，很多人甚至半夜就在等候开门。后来，一位美国朋友给了我一个好建议，让我开几个小时车去一个偏远的门店购买。我这才买到了一台 iPad，而且是店里最后一台 iPad。那时在美国高速公路上，iPad 的广告是这样的：一个人悠闲地跷着二郎腿坐在沙发里，iPad 摆在腿上，广告语是"这就是你的电脑"。对于当时仍需要一本正经地坐在桌子前用电脑的我们，这简直是不可想象的。

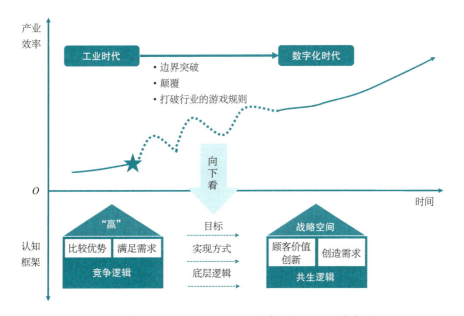

图 2-4　战略认知框架的更新：从"竞争逻辑"到"共生逻辑"

资料来源：陈春花，廖建文 . 打造数字战略的认知框架 [J]. 哈佛商业评论（中文版），2018（7）：118-123.

"移动智能终端"的需求被创造出来后，无论是电脑还是手机，价值空间都发生了巨变。苹果公司因此获得了新的顾客价值空间，从那之后，它就不再把同行当作竞争对手，也不再局限于电脑行业或者通信行业，而是把自己的战略思考出发点从行业转向顾客，并与基于移动智能终端产品进行应用价值开发的产业伙伴们一起构建了一个广泛的生态系统。这个全新的生态系统，推动着苹果公司及其生态伙伴持续成长。

数字化时代的战略认知框架和底层逻辑从"竞争逻辑"转变为"共生逻辑"，这对企业提出了新的要求，正如我与廖建文老师的研究所提出的："探寻可持续的数字化战略，要求我们摒弃一劳永逸的静态思维，在认知框架各个维度的不断突破中寻找动态的均衡。不同于工业时代，数字化时代的战略需要在迭代中不断自我更新。"⊖

超越行业

数字化大潮冲破了行业与行业之间的藩篱，以一种前所未有的方式连接起不同的要素，人们用"数字穿透"来比喻数字技术对行业边界的突破和融合，有人甚至借用《三体》一书中的"折叠"一词来形容数字技术所打造的完全不同的生态空间，很多行业因此获得更高阶的、原本没有的价值空间。

⊖ 陈春花，廖建文 . 打造数字战略的认知框架 [J]. 哈佛商业评论 (中文版)，2018（7）：118-123.

"如果说蒸汽机、电力和内燃机主要是通过'规模效应'来定义之前的商业时代，那么数字技术则是在硬件、数据、算法等基础上实现了一系列'联动效应'，使得生态空间的升维成为可能。"[○]我们的研究发现，"联动效应"具体体现在"场景的联通""数据的贯通"以及"价值的互通"上。

场景联通的出现，是源于数字技术把原本相互没有关联的场景连接起来，从而形成了更为完整的、为顾客创造价值的解决方案。"对行业来说，则是重新定义了上下游的关系，创造了新的价值主张空间。"[○]数据的贯通则是基于大数据等数字技术，把不同场景的数据贯通叠加起来，通过对这些数据的分析和洞察，帮助人们洞见不同行业的价值与机会。"通过底层数据的分享和应用，看似毫无关系的行业产生了共振。"[○]价值互通的意义呈现在用户关系和数字资产融合后带来的效果上，其核心是"能够在可控的成本下打造出一个具有巨大磁场的价值体系"[○]。

数字技术所形成的"联动效应"打破了行业边界并创造出完全不同的价值空间，这需要企业管理者对行业和市场有完全不同的认识，即从行业产业链与价值链的视角转换为生态空间与价值网的视角。换言之，要用三维的"空间概念"来替代工业时代的"线性概念"。

随着数字技术广泛深入各个领域，人们对生态空间或者生态网

○○○○　陈春花，廖建文. 重新认知行业：数字化时代的生态空间 [J]. 哈佛商业评论（中文版），2020（2）：126-133.

络已经不再陌生，但是如何更有效地理解和运用这个空间概念对很多企业管理者来说依然是困难的事情，这也是导致传统企业数字化转型困难的一个重要原因。

在大部分情况下，人们侧重于从生态平台的视角来理解产业生态，数字原生企业尤其是数字巨头企业所产生的平台效应，使越来越多的人运用平台思维来理解生态。这种思维模式不但能够使人们认识到生态网络的巨大价值和影响力，而且让今天的企业能够同时扮演两种不同的角色——平台构建者和平台参与者。两种角色的组合，产生了越来越广泛的产业融合价值，也为顾客带来了完全不同的价值体验，平台经济由此呈现出一片繁荣景象。

但在这片繁荣之中，随着构建平台的数字巨头企业触及越来越多的领域、产业，带来的影响也越来越大，这引发了人们的担忧。平台参与者也越来越担心自己的成长空间，如何才能持续成长成了众多中小企业的困扰。这些问题的解决，需要多方面的共同努力，如数字巨头企业要加强自我约束，市场监管部门要制定相应的政策对中小企业进行扶持，中小企业要用数字技术为自己赋能等。

不过，最根本的解决方案还是企业要真正理解"生态空间"的概念，找到自己的发展空间。我们先来看看研究结论，什么是"生态空间"。

"生态空间"是指企业借助数字技术获得三个维度的价值发展，并把三个维度的价值组合成一个价值闭环。在我和廖建文老师的合作研究中，这三个维度分别是领域（生态空间的宽度）、位域（生态空间的深度）、时域（生态空间的长度）。[⊖]在这三个维度上，企业应创造新的价值，一是在主航道之外探索新的业务组合；二是组合实体与数字要素，形成新的价值空间；三是更新商业模式，跨越非连续性变化（见图 2-5）。

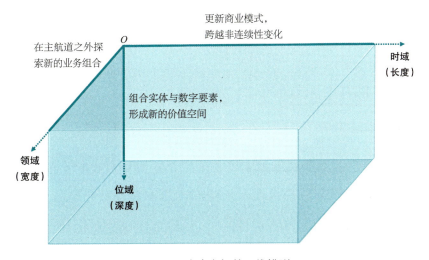

图 2-5　生态空间的三维模型

资料来源：陈春花，廖建文．重新认知行业：数字化时代的生态空间 [J]．哈佛商业评论（中文版），2020（2）：126-133.

　　生态空间概念可帮助企业管理者拓展三个新空间：现有主营业务的新价值空间、线上线下融合的新发展空间以及未来发展的新机会空间。这三个空间的拓展，正是企业战略数字化转型的方向。

领域维度

我们先来看看领域维度。这个维度为企业提供了原有主营业务价值再挖掘的机会，同时也使企业管理者树立起一个关键认识：数字化转型并不意味着放弃原有的产业机会和能力，而是基于企业现有的主营业务探索新价值。从这个角度看，企业并不需要因数字巨头企业的发展而担心，因为在你的主营业务领域内，你也有你最擅长的东西，也有你的核心能力及核心价值优势。在这一点上，沃尔玛和 7-11 便利店就是最好的证明，这两家企业很少对外谈论数字化及数字技术，但它们在数字化时代依然保持着自己的发展和增长节奏，究其根本就是聚焦于主营业务的核心价值，并与时俱进。

从生态空间的领域维度去看，任何企业都可以在数字化时代拥有自己的发展空间，关键在于企业的主营业务要具有不可替代性，以及企业要能够在主航道上持续进行价值创新与拓展。在这方面，耐克和安踏给了我们很好的示范。耐克在经典运动鞋的基础上推出了篮球鞋、网球鞋、马拉松跑鞋、休闲鞋等多种产品，通过不断细分，加上科技创新、品牌效应，它始终保持着在体育运动用品市场上的领先地位。安踏从一家制鞋作坊起步，一直沿着体育运动鞋这个主航道发展。因为在主航道上的不断深耕，如今安踏不仅拥有多个顶级品牌，还成为国际奥委会官方体育服装供应商，并且跻身全球体育用品领先公司的行列。

企业拓展领域维度，最重要的是聚焦于主航道（主营业务）的价值创造，找到"专注"与"拓展"之间的平衡。其核心是企业要有战略定力，聚焦于自身的不可替代性价值；要有足够的信心把主营业务做好，并在此基础上形成联动效应，以获得更大的领域价值。事实上，不能坚持聚焦于主航道的企业，是不可能获得联动效应的，这是每家企业都要特别认识到的关键。

位域维度

位域维度的价值是线上与线下的融合带来新发展空间。随着线上场景的全覆盖，有关这个维度的价值已经不需要过多介绍，其挑战在于如何借助数字技术实现"虚"（数字）"实"（实体）结合。对传统企业而言，线下场景线上化是一个很大的难题，困难在于，这不仅是数字技术应用以及顾客体验与互动场景改变的问题，还涉及从业务端到商业模式的各个环节，需要底层逻辑的更新。

在调研的过程中我发现，一些传统企业在构建线上平台时，常常把线上、线下割裂开来，包括产品、定价和资源。在这些企业内部，线上、线下是竞争关系，更有甚者，线下业务会抢占资源，给线上业务制造障碍，或者以自己的逻辑另立山头，希望以此来替代线上业务。这些现象的存在，令我非常不安。

其实，位域维度的开发要求线上、线下深度融合，要求实体要素与数字要素完全融合。比如在网约车平台上，顾客叫到的每一辆车都是从平台上接单然后来到顾客面前的，线上和线下没有界限，正是这种线上线下一体化的服务为顾客提供了最佳的出行体验。

位域维度的价值就在于企业可以通过线上、线下两个空间的联动获得深度的融合价值。如果两者不能有机地结合成为一体，其价值就无法呈现。从这个维度来看，数字化转型需要企业把线下的业务场景线上化，而不是将两者割裂开来。如果企业能够做到这一点，实现"虚""实"完全融合，企业在生态空间的深度价值就会被释放，由此带来的全场景体验就能够更好地黏住顾客。

时域维度

时域维度关注的是企业当期绩效与未来发展之间的平衡，其关键挑战是企业商业模式的创新与迭代。平衡当期绩效与未来发展是一个极具挑战的话题，也是衡量一家企业是否优秀的标准。在数字技术背景下，无论是当期绩效的压力还是未来发展不确定性的冲击，都会给企业带来巨大的挑战。同时，在数字技术的加持下，顾客需求的变化和主体性意识的强化也使问题变得更加复杂。如前所述，"时间轴"变短既影响当期绩效的取得，也影响未来发展的选择。

可以预见，在数字化加速度之下，企业的当期绩效和未来发展之间的转换将变得越来越快，正如人们常说的"未来已来"。动态变化成为基本状态，经济周期、产业周期、企业生命周期、产品生命周期都在快速变化着，非连续性、动态性、不确定性以及复杂性成为常态。那些以固有模式发展多年的企业，会面临极大的挑战。如果不能及时做出调整和转型，企业将无法在当期生存下来，更不可能获得未来发展。

在时域维度上的努力，要求企业具有应对动态变化的能力，能平衡当期绩效和未来发展。这需要企业管理者具有真正的危机意识，能有目的地面向未来进行投入，使企业跟上顾客和时代变化的步伐，并持续自我变革与自我超越。这让我想到柯达和诺基亚。柯达是全球第一个推出数码相机的企业，但是因为它拥有在胶片成像技术与产品上的绝对优势，没有对消费者的变化产生足够的重视，最终被数码时代淘汰。诺基亚同样满足于自己已有的优势，轻视苹果智能手机带来的趋势变化，不承认这是未来变化的方向，结果被顾客淘汰。

"延伸生态空间的长度，靠的不是投入资源、加强某个环节的力量，而是要有洞见——预判并做出选择，以及有勇气——敢于'自废武功'，在恰当的时机惊险地一跳，越过非连续变化的间断点。"⊖

"生态空间"与"行业"有着本质的不同。按照"生态空间"的概念，企业需要在"专注与拓展""线上与线下""当期与未来"之间进行动态组合。企业能够拥有多大的生态空间，取决于企业如何在这三个维度上进行动态组合，即企业与生态空间之间的互动。"在生态空间竭力生长"⊖是数字化时代企业的发展方式。

⊖ 陈春花，廖建文 . 重新认知行业：数字化时代的生态空间 [J]. 哈佛商业评论（中文版），2020（2）：126-133.
⊖ 陈春花，廖建文 . 重新认知行业：数字化时代的生态空间 [J]. 哈佛商业评论（中文版），2020（2）：126-133.

共生战略

关于数字技术对战略的影响，我和廖建文共同研究得出如下结论：在数字技术背景下，企业从"满足需求"转向"创造需求"，顾客价值从"挖掘确定性"转向"探索可能性"，战略认知框架和底层逻辑由"竞争逻辑"转向"共生逻辑"，企业发展的空间也由"行业"转向"生态空间"……这些根本性的改变，意味着企业战略也会从"竞争战略"走向"共生战略"。那么，共生战略到底指的是什么？企业又如何实现共生战略呢？

对于"共生战略到底指的是什么？"这个问题，我们从两个维度来回答：第一个维度是顾客端的需求特征，即企业是着眼于聚合的顾客需求还是离散的需求；第二个维度是供应端的要素互动，即企业通过什么样的方式调动和发挥生态空间的要素价值：是追求协同效率，还是致力于协同需求？[⊖]

这两个维度其实也暗合探讨战略问题的两个关键维度：顾客端与供应端。无论技术如何变化和发展，企业所要贡献的价值一定是顾客价值，因此顾客逻辑也就是战略逻辑。今天，生态空间的拓展带来了产业要素组合的多维变化，但企业并不需要拥有这些产业要素，而是可以通过连接实现协同和创新。更有意义的是，在数字技术的加持下，把产业要素与顾客需求组合在一起，可以创造出全新的需

⊖ 陈春花，廖建文. 新形势新选择：共生战略 [J]. 哈佛商业评论（中文版），2021（2）：134-139.

求价值。"把顾客端的需求特征和供应端的要素互动交叉组合在一起，就形成了共生战略的三种选择（见图 2-6）。"⊖

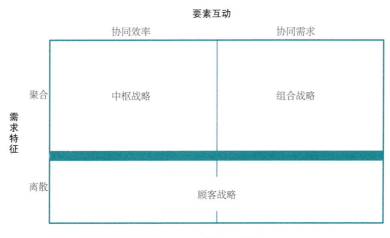

图 2-6 共生战略的三种选择

因此，共生战略是指"在生态空间内，企业可以用根据自身期望切入的顾客需求（聚合 VS. 离散）以及通过要素互动产生的价值（协同效率 VS. 协同需求），组合出中枢战略（Cornerstone）、组合战略（Configuration）、顾客战略（Customization）这三种不同的战略选择"⊖。

中枢战略是指企业通过与生态空间中的要素共同实现协同效率，为顾客提供千人千面的产品或服务。比如携程，一端连接旅行者个性化的住宿需求，另一端连接众多酒店的供应，通过线上平台满足

⊖⊜ 陈春花，廖建文. 新形势新选择：共生战略 [J]. 哈佛商业评论（中文版），2021（2）：134-139.

每一个顾客的个性化需求（房间大小、数量、地理位置等），使需求与供应能够精准匹配，提升整个系统的效率。在顾客端和供应端都非常分散而需求又比较聚合的情况下，中枢战略是一个合适的选择，其关键是两端信息对称下的高效协同。

组合战略是指企业通过与生态空间中的要素互动和组合创造出新需求，满足千人千面的新需求。比如，抖音像配置器一样将社交、视频、音乐、创意、个性化推荐等元素组合起来，创造出短视频这个新需求，为数以亿计的人带来了视觉上的盛宴。"组合战略就是通过巧妙地连接各种技术、场景、数据等要素，来促成这些需求的产生和价值的实现。"⊖

顾客战略是指企业综合采用协同效率和协同需求的要素互动方式，服务好离散的、千人一面的需求。小米采用的就是这一战略。小米通过协同供应链生产出"极致、快、价格感人"的小米智能手机，再通过协同社群营销、互联网渠道等要素，获得众多"米粉"，实现了快速销售。借助制造和销售两个维度的协同效率，小米获得了爆发式增长。顾客战略的关键是对顾客的理解以及与顾客建立互动关系。

在共生战略的三种战略选择中，中枢战略和组合战略更适用于平台型企业。这类企业的一端是多样化的供应，另一端是个性化的

⊖ 陈春花，廖建文. 新形势新选择：共生战略 [J]. 哈佛商业评论（中文版），2021（2）：134-139.

需求，中枢战略和组合战略能在两者之间实现精准匹配。顾客战略则适用于大部分企业，只要企业能够洞察到顾客的需求，能够与顾客建立有效的互动关系，再通过生态空间的要素组合来满足需求，就可以实现战略目标。

共生战略与竞争战略的比较

为了更好地理解共生战略，我试着带领大家将共生战略与竞争战略进行比较。竞争战略是大部分企业管理者更熟悉的战略选择，尤其是在工业时代，在以满足需求和比较优势为战略选择条件的环境下，竞争战略是有效的选择。竞争战略所包括的总成本领先、差异化和集中化三种战略选择，在众多企业的实际运用中都获得了不同程度的成功。在明确的产业边界条件下，企业如果拥有比竞争对手更强的优势，就可以在竞争中取胜。

但在数字化时代，企业必须选择共生战略，致力于生态空间的生长，从而获得战略发展的空间。萨提亚·纳德拉（Satya Nadella）对微软的同事说，在数字化转型时代，每一个组织和每一个行业都是潜在的合作伙伴。⊖我们必须面对的现实是，无论自己多么强大，都需要找到与其他人建立伙伴关系的方法和途径，唯其如此，企业才能够维持自身的行业相关性和竞争力。

⊖ 纳德拉.刷新：重新发现商业与未来 [M].陈召强，杨洋，译.北京：中信出版集团，2018.

所以，企业需要从竞争战略的认知中跳脱出来，从满足需求与获取比较优势的习惯中跳脱出来，学会从共生战略的视角出发，关注创造需求，关注共生成长的机会，关注要素组合的协同共生效应。这要求企业管理者必须从输赢取舍的价值判断转变为协同共生的价值取向。

我将竞争战略与共生战略做了一些对比，这样可以帮助企业管理者更好地理解两者之间的根本差异（见表 2-1）。

表 2-1　竞争战略与共生战略对比

对比项	竞争战略	共生战略
回答的问题	企业如何与对手竞争？	企业如何在生态空间中生长？
如何看待需求端	行业与市场视角	顾客视角
如何看待供应端	优势争夺	价值增长
战略选择	总成本领先、差异化、集中化	中枢战略、组合战略、顾客战略
战略选择间的关系	取舍	协同、共生

资料来源：陈春花，廖建文.新形势新选择：共生战略 [J].哈佛商业评论（中文版），2021（2）：134-139.

通过表 2-1，我们可以看到，竞争战略回答的是如何与对手竞争，共生战略回答的是如何在生态空间中生长，它们看待需求端和供应端的视角是完全不同的，竞争战略关注行业与市场，寻求优势争夺；共生战略从顾客视角出发，寻求价值增长。由此可以看到三种完全不同的组合，竞争战略以优势争夺为标准，波特提出总成本领先、差异化和集中化三种选项；共生战略以价值增长为标准，围绕着要素组合与需求协同展开，分为中枢战略、组合战略和顾客战略三种战略。我们如果把这些变化归结为一点，就是企业"认知范式的改变：从求赢到共生，从以企业为中心到以顾客为中心"[⊖]。

需要特别强调的是，除了理解两者之间的差异，还需要理解两者之间的联系。共生战略并不是对竞争战略的替代，两者是互补关系。在一个相对明确的产业空间里，竞争战略依然是有效的选择，它能明确回答如何竞争的问题，帮助企业关注成本水平、比较优势和行业变化。而当产业条件改变、行业边界突破，尤其是需要创造顾客价值、创新顾客需求时，企业则需要通过共生战略协同更多合作者，找到与环境和变化共处的能力，并在生态空间中竭力生长。

⊖ 陈春花，廖建文 . 新形势新选择：共生战略 [J]. 哈佛商业评论（中文版），2021（2）：134-139.

Digital Transformation
of the Organization

第 3 章

重构组织价值

组织最令人着迷之处，就是能够让人变得有成效、有价值，让看起来很平凡的人也能创造出非凡的工作成效。探讨组织的问题，一定会关注"人"，关注人与人之间围绕目标的互动中相关要素的流动与变化，并最终实现组织与个人的共同成长。

Digital Transformation
of the Organization

Digital Transformation
of the Organization

　　组织的数字化转型本质上是赋能员工、顾客和伙伴，这必然要求组织原则从管控转向赋能。2014 年，谷歌首席执行官埃里克·施密特（Eric Schmidt）等合著出版了《重新定义公司：谷歌是如何运营的》(*How Google Works*)[⊖] 一书后，赋能型组织开始走入人们的视野，随后，众多互联网企业的实践让人们开始关注组织模式的改变。2021 年我在《价值共生：数字化时代的组织管理》[⊖] 一书中总结了数字化背景下组织价值的五个根本性改变，其中之一就是"从管控到赋能"。

　　从管控到赋能的组织价值改变，已经成为人们的共识。但是组织如何实现赋能，却是一个极具挑战性的课题。虽然几乎每个人都

<hr />

⊖ 施密特，罗森伯格，伊格尔 . 重新定义公司：谷歌是如何运营的 [M]. 靳婷婷，译 . 北京：中信出版集团，2015.

⊖ 陈春花 . 价值共生：数字化时代的组织管理 [M]. 北京：人民邮电出版社，2021.

身处组织之中，也常常被称为"组织人"，但是，大多数在组织中工作的人并不理解什么是组织，也不清楚组织是如何运行的。换句话说，每个人都身在组织中，却不能清晰地理解组织如何运行才有效，原因是影响组织运行的因素太多，以至于查尔斯·汉迪在《组织的概念》⊖一书中提到几十个变量，并一一进行分析，希望帮助人们理解组织及其运行。

接下来，我们来接受这一挑战，探讨组织在为实现赋能而进行的数字化转型中需要做出哪些改变，并从关注实践的视角出发，把有关组织的问题分解为管理模式、流程系统、结构设计、组织文化四类。为实现组织数字化转型，企业需要重构管理模式、重构流程系统、重构组织结构以及刷新组织文化。

重构管理模式

组织最令人着迷之处，就是能够让人变得有成效、有价值，让看起来很平凡的人也能创造出非凡的工作成效。探讨组织的问题，一定会关注"人"，关注人与人之间围绕目标的互动中相关要素的流动与变化，关注组织与个人的共同成长。

而"强个体"的出现，使"人"对组织的影响发生了巨大的变化。

当个体与数字技术结合时，"个体价值崛起"成为一种普遍现象。

⊖　汉迪 . 组织的概念 [M]. 方海萍，等译 . 北京：中国人民大学出版社，2006.

数字技术从三个方面赋能个体，使个体成为"强个体"。第一，数字技术使个体更易于获得广泛信息，信息对称让个体获得了与外界平等对话的可能性。第二，数字技术提供了众多低成本甚至免费的数字工具，这些工具能有效帮助个体解决问题，使个体获得更多资源和机会。第三，利用数字技术，个体可以重构和创造以往根本无法实现的价值。这一切又带来了另一个更重要的变化，就是个体自我意识与独立意识的强化。今天的个体更追求自主性和自我体验感，在他们看来，驱动工作的力量不再来自劳动报酬，他们更在意成就感以及与社会的关联，包括个体对社会价值的贡献。

今天的个体具有很强的"自我效能感"（Self-efficacy）。自我效能感是由著名心理学家阿尔伯特·班杜拉（Albert Bandura）于20世纪70年代提出的概念，即"个体关于自己在一定程度上能够有效采取一系列必要的行动去处理未来某些情境的一些信念"。在此基础上，我对这个定义进行了延伸："自我效能感主要是指个体对自己能力的自信心，这种能力最突出的特点就是，如果个体需要在特定条件下完成任务，他自己可以调动必需的一切，包括动机、认知等……当一个人具有较强的自我效能感时，他可以排除外在因素的阻碍，想办法达成期望。"⊖

强个体的出现，改变了个体与组织的关系，也改变了组织管理的模式。"数字化带来的最大变化，可以说是人变了。不仅仅是用户

⊖ 陈春花. 价值共生：数字化时代的组织管理 [M]. 北京：人民邮电出版社，2021.

在变，每一个人都在变，包括我们的员工。人变了，管理模式、组织模式、业务模式等也都随之发生改变：第一个是工作场景改变；第二个是组织形式改变；第三个是业务和信息传递的方式改变；第四个是评价工作绩效的模式改变。"⊖这意味着企业需要一种全新的管理模式，不能再沿用传统的管理模式。这种新的组织管理模式，我称之为"激活 - 赋能式"。

为了更好地理解激活 - 赋能式组织管理模式的内涵，我们需要先梳理和回顾组织模式演变的过程。

管控 - 命令式

组织是所有为了实现具体目标而进行系统化努力的人的组合。由组织的定义可知，组织是为实现目标而存在的。正是因为组织具有这个特定的属性，从弗雷德里克·泰勒（Frederick Taylor）的科学管理原理开始，有关组织管理的探索都以目标为导向，以提升组织效率为核心，达成高效实现目标的结果。其中最典型的组织模式是马克斯·韦伯（Max Weber）的科层制。

在韦伯看来，科层制是一种以分部 - 分层、集权 - 统一、指挥 - 服从等为特征的组织形态，是确保现代社会实施合法统治的行政组织制度。在科层制组织中，组织实行职务等级制和权力等级化，明确

⊖　陈春花，徐少春，等 . 数字化加速度：工作方式、人力资源、财务的管理创新 [M]. 北京：机械工业出版社，2021.

划分每个成员的职责权限，并以法规和制度的形式将组织层级、部门划分、职位设置、成员资格等固定下来，形成非人格化的层级制体系和部门结构，组织成员是否胜任仅仅取决于他的能力。组织建立合理合法人事行政制度，包括为组织成员提供适应工作需要的专业培训机制。

科层制是一个完整的管控-命令式组织管理模式。这种模式因其稳定的结构、有效的管控、明确的制度及指令而具有极高的组织效率，在近代资本主义工业化进程中发挥了极大的作用。"管控-命令式"满足了工业化大生产和管理复杂化的需要，同时，其制度化、非人格化的特征又使组织显现出极大的稳定性和可靠性。这两点对组织目标的实现具有极强的支撑作用，这也是工业时代"管控-命令式"成为主要组织管理模式的根本原因。

在管控-命令式组织管理模式下，管理者具有明确的权威性。管理者属于组织的权力阶层，且权力被制度化和固化，可以通过组织系统的稳定性来保护自己的权威性。更重要的是，管理者拥有决策信息并决定组织信息流动的方向，这种信息的不对称使其权威性进一步得到保障。同时，在管控-命令式组织管理模式下，组织成员对职责与分工的服从，既保护了管理者个人的权威性，也保护了权力阶层的既得利益，这又进一步强化了该模式。

事实上，今天依然有很多企业选择管控-命令式组织管理模式，原因恰恰是因为管理者能够从中获得权威性，这让他们感觉良好，认为自己对组织的价值贡献不可替代。这也直接导致了管控 - 命令式组织管理模式的弊端——家长制、个人崇拜和组织成员创造力不足。

服务 - 指导式

随着个体能力的不断提升，个体对组织的价值贡献的重要性越来越突出，管理者不得不关注个体与组织的关系变化，并且从关注组织本身转向关注组织中的成员。切斯特·巴纳德（Chester Barnard）是第一个强调组织不是机器而是合作群体的人，他的观点推动了人际关系理论和人力资源管理理论的形成。

在组织的进化过程中，同样在进化成长的个体越发希望参与到组织目标的实现过程中。亨利·福特（Henry Ford）说过一句很有意思的话："为什么我只要（工人）一双手（来干活），他们却带着一个脑袋来？"这句话，在某种程度上也预示着后来福特与通用汽车两家汽车公司市场格局的翻转。

美国通用汽车前 CEO 阿尔费雷德·斯隆（Alfred Sloan）坚持实行鼓励员工提出异议的政策，充分调动员工的积极性，并首创事业部制组织结构，实现集权与分权的结合，通用汽车由此取得了举世瞩目的成就，斯隆所创造的组织管理模式至今仍影响深远。

早在 1950 年，道格拉斯·麦格雷戈（Douglas McGregor）就针对组织中的人提出了两组命题和假定，即"X 理论和 Y 理论"。在"Y 理论"中，人有雄心壮志，愿意承担责任，准备好为达成组织目标而采取直接行动；人能够依靠管理者的指导，朝着组织目标努力，来更好地达到自己的目的。[-]随后的相关理论研究和管理实践证明，管理者如果确信人的价值贡献，相信组织成员能够自我激发并有意愿为组织目标服务，组织所取得的成效就会非常明显。对人的价值贡献的积极认知，使组织管理发展到一个新的高度，从非人格化、制度化的"管控-命令式"进化到以人为本的"服务-指导式"。

在服务-指导式组织管理模式下，管理者从具有"权威性"转向拥有"成就感"。管理者更在意的是组织成员的发展，他为组织成员提供服务与指导，帮助组织成员获得绩效和成长，并在组织内部展开有效沟通、推行专家职能、建立流动机制以打破科层制的等级障碍，倡导公平与合作，帮助组织成员获得归属感。在这样的组织管理模式中，管理者往往被称为"教练"。

彼得·圣吉（Peter M. Senge）在《第五项修炼》一书中，将领导者的三个新角色定义为"设计师、仆人、教师"[-]。领导者的新角色主要指管理者的工作更多是"服务"，发挥协调、协助、服务、指导的功能；管理者要能够激励组织成员，调动他们的积极性和主动性去解决问题、实现组织目标；管理者更像一位教练，循循善诱、启发心智，挖掘组织成员的潜力，为他们提供支持，帮助组织成员成功，并为此感到骄傲和满足，这就是管理者的成就感。

○ 麦格雷戈.企业的人性面 [M]. 韩卉，译.北京：中国人民大学出版社，2008.
○ 圣吉.第五项修炼：学习型组织的艺术与实践 [M]. 张成林，译.北京：中信出版社，2009.

激活 - 赋能式

数字技术带来的人的变化使管理者很难再具有绝对权威性，组织成员尤其是新生代员工，更希望管理者是他们的伙伴而不是领导者，他们需要的是平等对话而不是命令控制。而随着商业模式的不断迭代与创新，新技术、新模式的不断涌现，以及数字技术日益成为商业的基础设施，管理者在面对身为数字技术"原住民"的新生代员工时，也很难承担起服务与指导的职责。管理者还需要面对一个事实，那就是强个体的出现改变了个体与组织的关系，现在越来越多的人将"自由职业者"作为一个职业选项，多样性的雇佣关系也成为更多组织的选择。⊖

我和团队曾经对此做过持续研究，深知强个体的出现对组织管理的挑战。其内在的原因有很多，最主要的是以下两个：

一是管理者工作的核心是提供支持，而不是进行管控。管理者的立场必须是慷慨的、富有同理心的和利他的，决不能以自我为中心。如萨提亚·纳德拉在 2014 年接任微软首席执行官时，提出自我刷新的三个关键步骤，即拥抱同理心、培养"无所不学"的求知欲，以及建立成长型思维。⊖

二是传统的薪酬与激励要素已经不再是驱动个体在组织中持续

⊖　陈春花. 激活个体：互联时代的组织管理新范式：珍藏版 [M]. 北京：机械工业出版社，2016.

⊖　纳德拉. 刷新：重新发现商业与未来 [M]. 陈召强，杨洋，译. 北京：中信出版集团，2018.

发展的关键要素，自我成就感与社会价值评价成为关键驱动要素。如"创意精英"是谷歌竞争力的核心，所以谷歌非常在意"创意精英"在谷歌的发展与发挥。为此，谷歌遵循一个理念：把对客户需求具有敏锐嗅觉的"创意精英"放在合适的环境中快乐地工作。对于谷歌来说，"创意精英"就是具有创造力、洞察力、对客户的感知力的人才。⊖

谷歌的"创意精英"或者我描述的"强个体"，都以自我激励为典型特征。他们最担心的是组织制约和僵化，最需要的是授权和信任，他们更希望参与价值创造，并获得支持。这些需求就是对"赋能"的期待，也就是组织需要为他们提供更高效地创造价值的环境和条件，并使他们能直接感受到价值贡献所带来的成长感，即"激活"的意义和价值。所以，为匹配组织成员价值创造的需求变化，组织管理模式进化为"激活 - 赋能式"。

在激活 - 赋能式组织管理模式中，管理者要"去自我中心化"，以组织成员为中心，围绕着让组织成员释放创造力、创造价值来匹配组织资源，为组织成员提供发展平台和共享激励系统。"我们用'赋能场景高低'来描述上面讨论的组织管理状态。'赋能场景高的组织'呈现的是好组织管理特征，强个体涌入组织，优秀者与组织共生成长。'赋能场景低的组织'呈现的是差组织管理特征，优秀者离开，强个体不选择加盟。"⊖

⊖ 施密特，罗森伯格，伊格尔 . 重新定义公司：谷歌是如何运营的 [M]. 靳婷婷，译 . 北京：中信出版集团，2015.
⊖ 陈春花 . 价值共生：数字化时代的组织管理 [M]. 北京：人民邮电出版社，2021.

激活-赋能式组织管理模式对管理者的挑战最大，要求管理者必须做到"无我"，成为一个"无我领导者"。首先，无我领导者"重视每一位共生组织成员的价值创造，通过赋能与激活充分发挥共生组织成员的创造激情，让共生组织成员能够互助成长，共享成就。其次，无我领导者有广阔的视角和对未来的洞见，敢于挑战灵感世界和现实世界之间的分界线，善于在未来趋势尚不明朗的情况下找准方向。更重要的是，他们帮助共生组织成员构筑梦想的蓝图，并把梦想的力量传递给每一位成员。最后，无我领导者还要有能力引领自己所在组织内的员工，用共生组织的价值驱动员工，并协调员工与共生组织达成一致的价值创造，彼此协同工作，最终为顾客创造价值。"[⊖]

现实中，大部分管理者喜欢采用控制-命令式组织管理模式，因为在这一模式下，管理者具有权威性。随着人在组织中价值贡献的变化、顾客对组织要求的变化，组织管理模式转向"服务-指导式"，一部分管理者接受变化，通过服务和指导帮助下属实现绩效目标，组织成员的成长让管理者充满成就感。今天，管理者的权威性在下降，管理者要以组织成员为中心，倾听和欣赏组织成员，激活、赋能组织成员成长成了管理者最主要的目标。这需要管理者进行自我变革，做出彻底调整，从追求权威性、成就感，转变为追求无我、忘我。这真的不容易做到，但是要知道，"管理者无我"才可能激活组织。

　⊖ 陈春花，赵海然.共生：未来企业组织进化路径 [M].北京：中信出版集团，2018.

重构流程系统

在探讨组织流程之前，我想先讨论一下"组织能力"这个概念。人们常常羡慕那些优秀企业的组织能力，羡慕它们人才层出不穷，员工拥有高效的执行力和战斗力，并且全员都葆有持续奋斗的精神，即使在面对外部巨大冲击时，企业依然能保持增长态势和极强的竞争力。这些优秀企业所表现出来的，正是整体组织能力。

组织能力

人们对组织能力有很多不同的理解，有人认为组织能力就是企业有一支过硬的队伍，有人认为组织能力是一套机制，还有人认为组织能力是企业所具有的核心能力，这些看法都有其合理之处。但是，关于什么是组织能力、如何构建组织能力、如何理解组织对战略及目标的支撑，还需要展开更进一步的探讨。

为了使大家更易于理解组织能力，我引用克莱顿·克里斯坦森（Clayton M. Christensen）的一个观点，他认为成功的管理者自始至终都遵循着五大基本的企业管理原则[⊖]，这五大原则是：

- 资源依赖性：在经营良好的企业，客户有效地控制了资源分配模式。
- 小市场并不能解决大企业的增长需求。

⊖ 克里斯坦森. 创新者的窘境 [M]. 胡建桥，译. 北京：中信出版社，2010.

- 破坏性技术的最终用户或应用领域是无法预知的。失败是通往成功的必经之路。
- 一个机构的能力是独立于机构内部工作人员的能力而存在的。一个机构的能力体现在其流程和价值观中，而且正是构成当前业务模式核心能力的流程和价值观，决定了它们无力应对市场的破坏性变化。
- 技术供应可能并不等同于市场需求。导致破坏性技术在成熟市场不具吸引力的特性，往往就是构成破坏性技术在新兴市场上的最大价值的特性。

在五大基本的企业管理原则中，围绕着第四个原则，克里斯坦森提出了企业能力分析框架——资源（Resource）、流程（Process）、价值观（Value），即影响组织能力的 RPV 模型。⊖他同时指出，企业在初创期首先关注的是生存问题，所以最看重的是资源；在发展期需要特别关注如何高效运营，需要建立流程和体系，解决信息传递的问题；在成熟期则需要关注如何创新以延续企业的生命，这时候需要通过企业文化、价值观来解决组织的目标实现问题。

在为《创新者的窘境》一书写推荐序时，我写了这样一段话，它可以帮助我们更深入地理解克里斯坦森的企业能力模型，同时，也表达了我对组织能力的理解：

资源包括人员、设备、技术、产品设计、品牌、信息、现金以及

⊖　克里斯坦森. 创新者的窘境 [M]. 胡建桥，译. 北京：中信出版社，2010.

与供应商、分销商和客户的关系等，是最直观的因素。流程是企业在把资源转化为产品或服务的过程中所采取的互动、协调、沟通和决策的模式，包括制造过程、产品开发、采购、市场研究、预算、规划、员工发展和补偿，以及资源分配的过程。影响企业能力的第三个因素是价值观。企业的价值观就是在确定决策优先级别时所遵循的标准，它以此来判断一份订单是否有吸引力，某个客户是否比另外一个客户更重要，某个新产品理念是否具有吸引力等。事实上，良好管理的一个关键衡量标准就在于，管理者是否在机构内部普及了这种清晰、统一的价值观。

按照企业能力模型，企业面临破坏性创新时的表现，取决于它是否能发展出相应的能力。三者之中，资源是外在直观的因素，也是最容易调整改变的部分。对于延续性创新，加大资源投入的方法是有效的，但对于破坏性创新，该方法却基本是达不到期望效果的，因为流程会阻碍资源的有效投入。而流程的背后是价值观，基于原有价值网络培养出来的价值观，看不到破坏性创新的前景，自然调动不了组织的能力来推动破坏性创新。

越是行业领先企业，管理越是良好，价值观越清晰、统一、有效，其能力与破坏性创新越不匹配，这就是领先企业失败的根源。是否可以依靠企业内的英雄人物来力挽狂澜，扭转组织内的流程和价值观的惯性呢？克里斯坦森明确指出，也许可以，但不能指望依靠个人的能力来弥补组织能力的不足。即使委托一个能力很强的觉醒者带领团队去推动项目，由于组织的能力并不匹配，最终效果也会很勉强。

虽然对组织能力的研究很多，对概念的解释也很多，但是在我看来，克里斯坦森的企业能力模型最能帮助我们理解什么是组织能力。我们甚至可以直接把这一模型理解为组织能力模型。所以，组织能力可以说是由资源、流程、价值观构成的。在资源方面，尤其要关注人力资源；在流程与价值观方面，尤其要关注其惯性的影响。

在此基础上，我们再回到组织数字化转型的定义——组织数字化转型是通过数字技术，赋能员工、顾客和伙伴，以帮助企业无限接近 C 端，为顾客创造全新体验与全新价值。而赋能最直接的载体就是融合了数字技术的业务流程。按照克里斯坦森的组织能力定义，流程是基于价值观把资源转化为产品或服务的过程中所采取的互动、协调、沟通和决策的模式。所以，对正在进行数字化转型的组织而言，要重构组织价值，流程的数字化转型就极为关键了。

流程和价值观才是组织最基本的能力

以流程变革推动企业组织成长最经典的案例是华为，华为早年师从 IBM，从流程变革入手，持续提升组织能力。"学习的内容大体可归为三类：一是在管人上强调员工职业化，其成果集中体现在任职资格体系上；二是在治事上强推流程信息化（见图 3-1）；三是在组织上'拧麻花'以一体化，其历程与成果集中体现在黄卫伟教授所写的《优秀的管理者，都是"拧麻花"的高手》这篇文章中。"⊖

⊖　欧阳杰. 熵减，与组织数字化转型的终局 [EB/OL].（2022-04-03）. https://mp.weixin.qq.com/s/bDKddeRZ4xbiWr73bO2yvA.

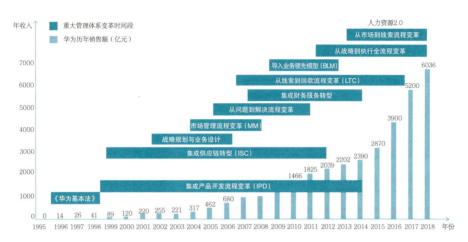

图 3-1　华为流程变革与企业发展历程

资料来源：欧阳杰.熵减，与组织数字化转型的终局 [EB/OL].（2022-04-03）. https://mp. weixin.qq.com/s/bDKddeRZ4xbiWr73bO2yvA.

　　流程变革牵引组织整体成长，也决定资源组合的有效性和企业效率。正如克里斯坦森所说："一个机构的能力主要体现在两个方面，一方面是它的流程，也就是人们将劳动力、资源、原材料、信息、现金和技术投入转化为更高价值的产出的方法；另一方面体现在机构的价值观上，这些价值观正是机构管理人员和普通员工在做出优先决策时所遵循的原则。"⊖

　　在企业进行流程变革的过程中，找到有效的方法，向优秀企业学习，并将流程内化为自己的组织能力是至关重要的，而这需要企业自己突破并找到解决方案。一些领先企业采取了向标杆学习的方

　　⊖　克里斯坦森.创新者的窘境 [M].胡建桥，译.北京：中信出版社，2010.

法，将业界最佳流程和自己的管理系统贯通起来，在贯通的过程中加深理解和消化，最后形成自己的流程与管理体系。

需要理解的是，打造流程、形成组织能力要把握两个要点：一是原有流程严重妨碍了企业的发展，必须做出改变；二是向优秀企业，必须全力以赴，彻底进行自我批判，如此方能建立起好的流程。

对企业而言，流程和价值观是相对固定的。比如一家管理良好的制造业企业，形成了有效的制造业务流程以及与制造产品相关的价值观，这一套流程和价值观能够有效地管理流水线和产品品质，从而高效地、大规模地生产标准化产品。但是，当环境变化，企业需要快速推出创新产品以及满足个性化需求的产品时，却发现遇到了原有组织体系的阻碍。

新冠疫情期间，很多企业遭受了巨大的冲击，管理者非常清楚在这样的外部环境下，企业需要快速调整组织系统，动态适应变化。但是大部分企业无法做到这一点，主要原因正是流程习惯的制约。同样的流程和价值观，在一种环境下是促进企业发展的有效动力，但在另一种环境下却成了这个企业的阻碍。

流程能帮助员工持续完成同样的任务，不断降低成本，提高效率和可靠性，如"福特的流水线"。但流程和价值观从本质上来说蕴含着"不会轻易改变"的意义。从这个视角来看，形成流程习惯和价值观固化的企业是抗拒变化的，而且越是成功的企业，越有可能抗拒变化，这是组织数字化转型的困难之所在。

不幸的是，很多企业管理者并未认识到这一点。对传统企业数字化转型的调研发现，这些企业都会投入大量资金进行数字技术和资源方面的改善，如引入拥有数字技术能力的新成员、建设数字技术设施、通过购并嫁接数字化能力等；决策层也有决心进行数字化转型，甚至主动学习相关知识——邀请数字化转型成功的企业来分享经验，或者带队走进领先企业参观学习，但并未取得有效的转型效果。更有甚者，引入的新成员无法发挥作用，很快便离职，导致企业中与数字化相关的业务领域的人员流动率非常高（有些企业相关业务领域的人员流动率甚至高达 75%），数字化相关业务因此停滞不前或者被放弃。究其原因，这些企业仍然沿用原有的组织流程，流程习惯和价值观体系没有做出相应改变。

实现流程数字化重构

2021 年，红杉资本对 222 位 CIO（首席信息官）进行了调查，并在随后发布的《2021 企业数字化年度指南》中指出：非数字化原生企业数字化的第一步，是形成数字化思维并从数字化特征的角度去审视和重构企业所有的流程。下面，我们就以这个观点来解决重构流程的问题。

实现流程数字化重构，首先要改变以下两个方面。

改变一：打破现有组织分工界定，形成新的组织资源合作模式。

我们都清楚，现有组织分工界定通常是与当期流程相匹配的，已经形成的组织流程又会强化现有的组织分工界定，保护和维持现有组织资源的分配和合作模式。从另一个角度来说，已有的组织分工界定会阻碍新流程的建立。

企业之所以需要进行组织数字化转型，是因为企业必须应对外部环境或者顾客新需求带来的挑战，而原有的组织分工界定和流程使企业无法做出有效的回应。管理者只有打破原有的组织分工界定，选调或者引入一些新成员，并围绕着这些新成员进行新的组织分工，以帮助新成员获得有效资源，使其摆脱原有流程的阻碍而形成新的合作模式，最终促成新流程的产生，企业才能生产出新产品或者提供新服务。

现有流程是针对现有业务的，转型从本质上理解是产生新的业务可能性，新旧业务完全不同，企业不可能用一套流程来开展两种截然不同的工作。所以，在组织转型中，企业需要建立双业务模式，这是我在新希望六和进行组织转型实践的收获。

双业务模式是指组织同时有两种截然不同的业务，一种是组织原有的业务，另一种是转型方向的全新业务，我把它们分别定义为"存量业务"和"增量业务"。这两种业务遵循的是完全不一样的发展逻辑：存量业务更在意在原有流程基础上的成本重构和组织解构，通过激活组织一线员工，获得更具成本竞争力的成长；增量业务更在意整合资源尤其是整合组织外部资源，通过建立新的、开放的组织平台和流程系统，融合更多新要素，以获得新业务的成长机会。如果不能以两套完全不同的流程和激励体系来开展这两种业务，企业就无法获得新业务的成长，转型也就将成为一句空话。

改变二：构建价值分配流程，而不仅仅是资源分配流程。

组织数字化转型还需要资源分配的改变。数字化转型需要资金、人员、设施、技术（包括创新实验）等资源投入，这些资源不能用原有的价值观体系判断其价值和重要性，如果还沿用原有的流程，就无法匹配转型需要。转型得不到有效的资源投入与支持，自然不可能取得成效。没有一套真正有效的、能匹配转型需要的资源分配流程是大部分传统企业难以实现转型的重要原因。管理者沿用旧的流程和价值观分配资源，一定会更关注当期绩效，而不支持创新尝试。

飞信（Fetion）的发展过程可以帮助我们理解构建价值分配流程的重要性。飞信是中国移动于 2007 年 5 月推出的综合通信服务，融合语音（IVR）、GPRS、短信等多种通信方式，目的在于实现互联网和移动网间的无缝通信服务。消费者不但可以用飞信免费从 PC 向手机发短信，而且不受任何限制，能够随时随地与好友进行语聊，并享受超低语聊资费。

因为具有创新价值，飞信赢得了消费者的青睐，巅峰时期用户数量达到 5 亿，月活跃用户数量达到 1 亿。但是，2011 年腾讯微信的出现让市场格局出现了巨大的改变。微信一经推出，用户数量就快速增长，到 2022 年 6 月，月活跃用户数量已经超过 12 亿。此时，飞信虽然没有彻底消失，但是基本已淡出了人们的视线。

飞信在市场上失利的原因有很多，其中一个关键的原因在于中国移动对飞信业务的定位出现了问题。中国移动更在意传统主营业务的发展，把飞信定位为传统业务的补充，并未把它摆在与传统业务相同的战略高度上，也没有对飞信进行有效的资源投入，这导致一个有希望引领未来的、已经被证明具有明确的市场价值的业务失去了应有的价值。

大量事实证明，如果企业不能从新的价值维度去理解不同业务的价值贡献，并以此来匹配资源，管理者就会按照固有的流程习惯去分配和使用资源。对他们来说，取得当期绩效更具吸引力，因而那些面向未来的业务便无法获得有效支撑，数字化转型恰恰属于"面向未来的业务"。

实现流程数字化重构，还需要完成流程的数据化。

所谓数据化，就是用数据方式更精准地呈现业务和运营的全过程。数据化，本质上是将一种现象转变为可量化形式的过程。维克托·迈尔-舍恩伯格（Viktor Mayer-Schönberger）和肯尼思·库克耶（Kenneth Cukier）在《大数据时代：生活、工作与思维的大变革》一书中，对人类的数据化历史做了洞察性描述，从最初的结绳记事开始，用数据呈现人类那些伟大的起步，让我们更加精准地理解人类演变进化的历程。徐子沛在《数据之巅》的开篇指出，"数据文化是尊重事实、强调精准、推崇理性和逻辑的文化"[⊖]，这些正是数据化所具有的特质。实现流程数字化重构，也需要流程呈现出数据化特质，为此企业需要做三件事。

第一，围绕业务展开流程数据化呈现。其关键在于，通过数据化呈现企业的价值创造活动、价值分配活动以及价值交付活动。特别需要强调的是，企业与顾客、外部合作伙伴之间的生态联结，是通过端到端的数据共享与流程贯通，实现价值共生共创的，这不是流程信息化的过程，而是业务场景化的过程。

第二，流程数据化以体验为中心。关注员工、顾客和伙伴的体验，通过流程数据化的方式，把企业资源转化成产品或服务的过程更精准、更真实、更客观地传递到组织成员面前，真正实现数字化赋能。

第三，建立数字技术平台，打造流程数据资产。运用数字技术全方位表达数据，建立组织成员之间的信任以及客观的标准，并通过数字技术的运用，提升流程运行效率，进而提升企业的整体效率。

完成流程的数据化，首先需要企业在信息基础建设方面做好准备。如深圳创世纪机械有限公司（简称深圳创世纪）通过建立企业内部信息化技术标准来规范资源管理，完成智能化与自动化的两化融合，实现了信息化管理中信息数据效益的最大化。

在具体实践中，深圳创世纪的管理层明确感受到，如果企业没

⊖ 徐子沛. 数据之巅：大数据革命，历史、现实与未来 [M]. 北京：中信出版集团，2019.

有进行彻底的组织变革和业务流程重组，就无法完成信息化系统建设。他们还认识到，从本质上来说，企业信息化建设是为了提高企业竞争力而进行的更高层次上的管理重组。他们观察到，企业在进行信息化建设时，利益冲突、结构惯性、对不确定性的习惯性规避等因素会带来很大的阻力。同时，对管理重组的作用和意义认识不足，以及企业经营思想和思路缺乏创新性等原因，也会导致企业缺乏对管理流程的分析，不重视信息化与具体业务和发展战略的结合，只是照搬别人的系统来设计信息系统。最终，信息系统与业务流程不匹配，使用非常不便，甚至很快就过时了，完全没有发挥预期的作用。这是企业信息化建设失败的一个主要原因。

在此认识的基础上，他们找到了解决方案：建立企业内部信息化技术标准以规范资源管理，完成智能化与自动化的两化融合。对信息化技术标准的规范与完善是极为关键的一步，这能保证信息化建设的有效实施，并对企业的生产经营产生重要的促进作用。

完成流程的数据化还需要信息系统好用、易用，以提高工作效率为原则，结合企业日常工作将信息化融入业务操作。另外，企业应该根据自身的管理特点，探索符合自身需求的信息化业务流程，确保实现系统办公、提高工作质量。重点关注信息化管理中遇到的问题，对其进行分析和处理，切实提高管理的质量与效率，强化工作人员的信息技术水平，使他们能主动对市场变化做出快速反应，赢得市场竞争的主动权。

实现流程数字化重构，还需要企业进行全流程的变革。

华为的流程变革历程带给我们很好的启示，根据《华为数字化转型之道》一书的介绍，华为从 1998 年开始流程变革，伴随着企业业务发展的持续成长，不断推进业务变革牵引的整体变革，到 2016 年，开始全面展开数字化转型（见图 3-2）。"任正非在总结管理变革和数字化转型的成果时说，华为经过二十多年的持续努力，取得了显著的成效，基本上建立起一个集中统一的管理平台和较完整的流程体系，支撑华为进入全球行业领先的行列。"⊖

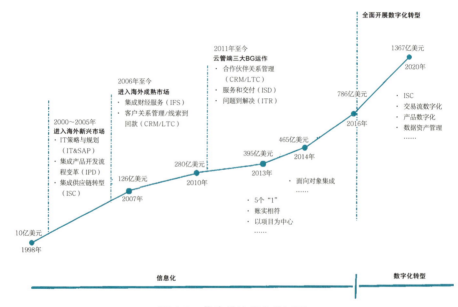

图 3-2　华为的流程变革历程

资料来源：华为企业架构与变革管理部. 华为数字化转型之道 [M]. 北京：机械工业出版社，2022.

⊖　周良军，邓斌. 华为数字化转型：企业持续有效增长的新引擎 [M]. 北京：人民邮电出版社，2021.

流程数据化是为了帮助企业从传统的流程驱动转为数据驱动，从关注分工转为关注协作，从关注组织系统的资源分配转为关注价值活动，从而获得协同创造新价值的机会，这也是组织数字化转型的意义。

重构组织结构

组织结构设计是重构组织价值的第三部分内容。领先的数字企业无一不在组织结构创新上探索出了自己的道路。Web 设计师 Manu Cornet 曾在自己的博客上画了一组美国科技公司的组织结构图，亚马逊、谷歌、Facebook、微软、苹果、甲骨文六家公司的组织结构跃然纸上。看着各不相同的结构网络，人们能感受到这六家公司与传统企业有着巨大的差异（见图 3-3），它们不但打破了传统的组织结构，彼此的结构设计也很难找到相似之处。独具匠心的组织结构设计为这六家公司在数字化时代的领先发展提供了充分的支撑。

在中国数字化转型企业的实践中，同样能看到本土企业在组织结构创新上的探索，如海尔为了实现面向互联网和数字化的全面转型，彻底转变企业的组织系统，将企业的组织结构分为两种形态——"转型小微"和"创新小微"；构建"人单合一"的组织模式，实现生产制造与顾客需求之间的高效协同；为组织成员搭建"人人都是 CEO（首席执行官）"式的组织平台。"海尔创始人张瑞敏曾以'鸡蛋从外面打破只是人们的食物，但从内部打破就会是新的生命'这个比喻为启示，认为对于海尔来讲，它需要的就是从内部打破，即自我突破、自我颠覆和自我挑战。"[⊖]

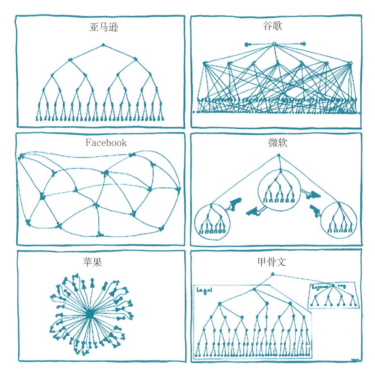

图 3-3　六家美国科技公司的组织结构图

为什么这些企业都要对组织结构进行创新设计呢？组织结构是人们在组织内进行分工与协调的方式总和。组织结构设计解决了四个基本关系的问题：第一，责任与权力的关系，即承担责任的人拥有

⊖　陈春花. 激活组织：从个体价值到集合智慧 [M]. 北京：机械工业出版社，2017.

权力；第二，责任与资源的关系，即为责任匹配资源；第三，责任与层级的关系，即有效分工，明确责任归属；第四，稳定性与动态性的关系，即通过稳定性获得绩效，通过动态性获得适应能力。这四个基本关系协调了组织所有成员的分工，确保每一个成员努力的方向都与组织目标相关。借助组织结构设计，组织成员在组织中所承担的角色与责任、权力与资源的分配以及成员间彼此协调与管理的关系得以明确，由此企业可以获得更高的组织效率。

在数字化时代，影响组织绩效的因素由内部转向外部，管理者开始关注组织效率的新来源，强个体、组织间的协同共生、组织外部环境变化以及数字技术本身构成了新的组织整体效率。[⊖]同时，企业成长速度变快以及由此带来的复杂性加剧，导致一些组织成员跟不上组织变化的速度，因此管理者还需要探讨组织发展对组织成员的影响。这些变化促使企业采用灵活的组织结构设计，重构组织结构便成为一个基本趋势。

接下来，我们一起探讨如何重构组织结构。

首先，需要解决三大矛盾。

每家企业的组织结构都是不同的，这是因为每家企业的战略、规模、环境与技术——影响组织结构的四个关键要素不尽相同。而且，四个要素本身也在变化之中，所以企业需要找到属于自己的解

⊖　陈春花，朱丽 . 协同：数字化时代组织效率的本质 [M]. 北京：机械工业出版社，2019.

决方案。这也与我经常向管理者强调的一个观点一致：组织结构是一个自我约定的关系。同时，管理者还需要认识到，组织正是通过协调这四个关键要素带来的矛盾和变化，来获得组织效能，并保障组织目标实现的。要理解组织结构的作用，就需要理解这些矛盾，以及如何通过结构设计来协调矛盾、化解矛盾。

这些矛盾可以概括为以下三大矛盾。

矛盾一，组织追求大规模增长与划小单元组织的倾向。任何企业都需要具有一定的规模，这是企业生存和发展的基础条件。我把企业规模分为三个阶段：第一个阶段是生存规模阶段，生存规模能够帮助企业在市场上获得一席之地；第二个阶段是竞争规模阶段，这是企业在行业内获得影响力和发展机会的前提，也是企业应对环境变化的基本条件；第三个阶段是发展规模阶段，具有发展规模的企业才有可能为持续创新进行投入，拓展第二条增长曲线。从三个规模阶段我们可以理解规模本身的价值——规模是支撑企业生存、竞争和发展的基础条件，企业不断追求规模的扩大正源于此，与规模增长相匹配的组织规模也因此相应变大。

在追求规模的同时，企业还需要保持灵活性以应对外部的变化，满足组织成员的内在需求。在组织成长的过程中，人们越来越认同组织中需要一些能够带来幸福感的元素、一些更具亲和力的安排、一些美好的事物。很多企业的实践证明，要想保证组织的灵活性和员工的幸福感，小的单元组织形式才是适合的选择。小组织更灵活，能降低复杂性，人们的协作更容易，舒适感也更强，更有可能实现创新。

如此，追求大规模增长的组织要求和小单元组织结构设计之间便产生了矛盾，而如何解决这一矛盾便是重构组织结构的第一个挑战。其实，解决之道就是运用数字技术。数字技术能有效支撑小单元结构与大规模组织共享信息、协同工作、有效运行，通过"强化内部信息交流与沟通，突出平等、速度与效率，以任务团队结构取代层级结构，按照顾客的需要而不是职能来进行组织划分，形成以工作小组、团队为基本单元的组织结构，从而强化组织对于外界的反应速度，适应变革的持续性"⊖。

矛盾二，管理者对集中管控的偏好与组织的开放灵活性。早在200 多年前，政治家埃德蒙·伯克（Edmund Burke）就指出，中央集权总会导致官僚作风，最终扼杀创新。但是，管理者偏好集中管控，以至于很多企业都采用集中管控的组织结构形式。这一方面是因为集中管控的确有其优势，它能带来高效率、稳定性，降低系统内复杂性，并由此带来好的组织绩效结果；另一方面，也是更重要的一方面是集中管控让管理者拥有权威感，再加上管理者总是认为自己掌握了全部决策信息，确信自己的决策有利于组织利益，如此，集中管控的选择就进一步得到了强化。

在相对稳定的环境下，集中管控有明显优势，但是由此会产生

⊖　陈春花. 激活组织：从个体价值到集合智慧 [M]. 北京：机械工业出版社，2017.

组织僵化、懈怠和官僚主义盛行，而且，随着组织规模的扩大，负面效应会越来越大。随着环境不再稳定，不确定性成为常态，组织必须具有开放性，才能动态适应环境的变化。所以，管理者要克服自己对集中管控的偏好，与组织一起提高开放性。开放的组织通过分权和授权，能形成组织内部人员的协作机制，建立灵活的组织体系，在动态适应环境变化的过程中，借助组织成员的创造力、协作机制以及开放组织与外部的共生合作，获得组织成长与绩效结果。

矛盾三，组织成长带来的复杂程度与员工成长的速度。企业的战略规划直接牵引着组织的成长，外部环境、技术发展、顾客、同业成长等一系列因素又决定了组织成长的复杂程度。迈克尔·波特（Michael E. Porter）曾指出：全球化的过程正在让竞争的规模愈来愈大，竞争也愈来愈复杂。在数字技术创造出数字世界与物理世界融合的新世界之后，生态网络之间的广泛连接更加深了其复杂程度。构成企业成长性的业务要素、资源要素和能力要素都需要满足复杂性带来的要求，那些能够驾驭复杂性的企业获得了强劲的成长。

我们必须认识到一个事实：组织成长的核心要素依然是人，人才是组织的首要资产。企业无形资产附加价值的溢价、技术创新带来的增长、企业市场价值的确认……其实都是德鲁克所说的"知识工作者"所拥有的知识资产创造的价值。但是，我们也必须面对另一个事实：人才在企业间的流动性非常高。这一方面说明组织对优秀人才是非常渴求的，另一方面也说明人的成长与组织的成长不完全匹配。优秀个体希望选择与其能力匹配的组织，优秀组织同样希望选择与其匹配的个体，双向选择的结果是，大量的优秀人才在组织间流动转换。管理者还需要特别认识到第三个事实，即个体成长的速度远远落后于组织复杂度程度的增加，如果个体没有极强的学习能力，被组织淘汰的概率就会非常高。

为解决这一矛盾，企业需要不断更新实现组织目标的方式，并设法通过新的组织结构设计使员工在组织内获得更高的流动性、更多的成长机会以及更大的取得绩效的可能性，赋能员工更好地自主管理、更快地成长。有关激活组织的研究表明，"运用信息技术协调而非控制成员之间的关联。组织管理者需要借助于网络信息技术以帮助组织成员进行自我管理。例如，建立信息平台，帮助成员在相互尊重与信任的基础上进行知识与资源共享，协作完成组织目标"⊖。

其次，选择"协同 - 平台化"的组织结构形式。

前面所述的三大矛盾，可以通过组织结构设计来解决。在相对稳定的环境下，科层制通常能推动组织获得绩效增长，因为大多数企业的绩效是由其所生产的产品或者提供的服务决定的，只要产品结构不改变，科层制的运作就非常有效。所以，大规模增长强化了集中管控功能，此时组织成长主要依靠员工的执行力，三大矛盾并不特别突出。按照层级结构确定的分工和流程，降低了组织对员工的依赖和要求，相反，员工对组织的依赖程度很高，这也保障了层级管控模式的有效性。

⊖ 陈春花 . 激活组织：从个体价值到集合智慧 [M]. 北京：机械工业出版社，2017.

在动态环境下，市场、技术等因素都发生了变化，更重要的是顾客也发生了变化，产品的基本面也随之改变，此时，原有的组织结构不再适应新的变化，无法满足组织成员和团队以新方式进行交流和工作的创新需求，进而影响了企业的绩效和企业的成长，因此，企业需要构建新的组织结构以适应变化。

我们在一家企业的实践现场与企业负责人一起讨论组织结构时发现，这家企业的组织结构与一般企业不一样，它在组织结构设计中直接纳入顾客、市场结构和供应伙伴，以一种平台化管理模式，让组织内外成员围绕着顾客价值创造活动展开协作共创。看到这样的组织结构设计，我们就能理解同样的环境下，为什么同行的效益都在下滑，这家企业反而取得了良好的业绩。我们还走访了其他一些业绩良好的企业，得到了相同的结论：它们都采用了新的组织结构形式来解决三大矛盾，即"协同-平台化"的组织结构形式。

实现"协同-平台化"组织结构形式，需要做到以下两点：

第一，构建一个核心体系，即共享服务体系。这个体系包含企业运营所依赖的、可共享的各种资源和环境。为了保障这一体系赋能组织成员，需要构建沟通机制、流动机制、业务沉淀机制和共建机制这些相应的机制，以达成协同增效的作用。沟通机制是成员间有效达成共识的基础，能形成目标与价值观的一致性。流动机制有助于形成各个业务、各个岗位之间的流动性，打破层级固化以及前后台的边界等。业务沉淀机制包括信息、知识与资源的沉淀和共享。

共建机制不断强化共享共创的协同增效作用。这一核心体系构建的关键是透明和共创，每个组织成员都能清晰地知道其他人的工作，都能及时了解到所有数据和资源，都要分享与共创，并主动把共创所得到的成果沉淀到这个共享服务体系中。

阿里巴巴把这个体系称为"组织中台"，你也可以将其按自己的命名方式命名，但是"从本质上来讲，这是一种反应更加敏捷高效的组织形态，即以内部小前端去实现与外部多种个性化需求的匹配对接。这样的组织结构调整能够帮助作为前台的一线业务更敏捷、更快速地适应瞬息万变的市场，同时，也能够集合整个集团的运营数据能力、产品技术能力，对各前台业务形成强力支撑，从而更好地服务顾客。这种更为扁平化的组织形态，也已成为互联网时代越来越多企业组织变革的选择"[⊖]。

第二，构建一个网络协同体系，即协作工作关系。组织结构成为连通一体、柔性组合的协同工作网络，这类似于人们一起在线工作的模式。在在线工作模式中，层级与部门之间的边界淡化，人们以任务或者目标驱动协同工作，分工被协作所取代，固化的指令传递被及时反馈和互动所替代，组织成员如同网络结构上的点，与其他点实时相连，确保每个变化都同步到整个组织中。

组织与外部成员之间也是相连的。来自顾客和生态伙伴的信息与组织内相应的信息互通，实现内外部的互动和共享，促进彼此协

⊖　陈春花 . 激活组织：从个体价值到集合智慧 [M]. 北京：机械工业出版社，2017.

同决策，共创价值。在这个网络协同体系中，各成员都会围绕着顾客价值创造展开工作，以达到协同增效的目的。对这种共生效应，企业同样需要设置保障机制，如价值机制、结构机制、共享机制和技术机制。[⊖]

价值机制是指成员基于互为主体的理念和以顾客为中心的价值观进行合作，以确保具有统一的价值理念与目标。结构机制是指形成特定的契约关系、权力责任结构、沟通结构等。共享机制包括信息、知识与资源的共享。技术机制则是实现上述三个机制的条件，关键在于有效利用技术的优势。

刷新组织文化

从某种程度上来说，组织是由文化构成的。个体在组织中的做事方式、行为选择、活跃程度、个体的自由度与约束力以及由此形成的各种不同氛围，正是其背后的文化所造成的。在组织的视角下，文化是组织内部所形成的一套规范和一种普遍的价值判断，是组织上下形成的对工作方式、管理方式、奖罚制度和员工关系等根深蒂固的看法。传统组织结构中的角色分工反映了一种稳定的文化特征，对于权力的依赖则使组织内形成了服从的文化习惯。

强有力且深入人心的文化，能够将组织凝聚成一个团结的、具

⊖ 陈春花，朱丽，刘超，等. 协同共生论：组织进化与实践创新 [M]. 北京：机械工业出版社，2021.

有极大吸引力和向心力的整体，这样的组织有很强的战斗力。

由于文化是一种行为共识，需要持续多年地打造才会形成，因此，在一个时期内适合企业的文化，在另一个时期内可能就不适合了，这是组织需要进行文化变革的根本原因。很多曾经领先的企业在过去形成的文化的帮助下获得了成功，但是，当生存环境发生变化时，这些文化有可能成为阻碍或者制约因素。因此，组织的数字化转型必然涉及组织文化变革的挑战。

萨提亚·纳德拉曾说："CEO 中的字母 C，我希望它代表的是文化（Culture）。CEO 可以说是一家组织的文化管理者。"我认同这个观点，在组织数字化转型中，建立一种基于协同合作、利他共生的新文化是首席执行官的首要职责。同时，我们也必须认识到，组织文化并不是以一种简单的变革方式就可令其焕然一新的事物，组织文化变革需要渗透到每一个组织成员的行为规范之中，企业需要提供持续的支持，做出明确的价值判断，建立与之相配套的制度体系。

每家企业都会探索出一套构建组织文化的方法，相关的文化变革研究也提供了不同的解决方案，但是，无论采用何种方式进行组织文化变革，都需要特别关注三个核心原则。

第一，以顾客为中心。这不仅是企业的理念，而且必须是行为

㊀　纳德拉.刷新：重新发现商业与未来 [M].陈召强，杨洋，译.北京：中信出版集团，2018.

准则，必须内化到组织成员的日常工作之中。现在我们再回到组织数字化转型的定义上——组织数字化转型就是指企业借助数字技术，赋能员工、顾客和伙伴，以帮助企业无限接近 C 端，为顾客创造全新体验与全新价值。这个定义非常明确地指出了组织的价值，如果组织成员对顾客需求缺乏洞见，缺乏同理心，缺乏价值共鸣的能力，那么企业就失去了存在的价值和意义。而数字技术让我们更贴近顾客，更容易洞察和理解顾客的需求，更深入感受顾客的体验。要想让数字技术成为与顾客之间的桥梁和纽带，企业需要在做价值判断和行为选择时把以顾客为中心当成核心价值追求。

第二，寻求多元化和包容性。今天的组织都需要在稳定性、灵活性和随机性之间取得平衡，我们可以理解为组织的形态是一种动态平衡，这是组织需要完成数字化转型的主要原因之一。与此相适应的组织文化则需要更加包容、更加多元化，这样，组织才能具有开放性、接纳矛盾与冲突，调和和驾驭复杂性，形成"灰度哲学"并以此形成动态多元的统一性。多元化和包容性能帮助组织吸引多样性的人才，获得更广泛的观点和建议，展开更广泛的合作。在多元和包容之中，企业也能更清晰地感受到自身的局限性，并由此推动自我变革与成长；能感受到差异性、拥抱差异，并由此推动创新与创造。

第三，向善、利他、共生的价值取向。组织数字化转型，本质上是一种赋能，是一种利他共生的存在方式。以分工为主的传统组织文化是无法支撑其实现的，所以需要构建新的文化体系。企业文化的核心作用是凝聚共识，凝聚人心，企业的文化氛围会给组织成员带来无形的激励或者约束，价值观会在潜移默化中渗透到员工的行为中。相同的价值观、同样的理想追求、一起奋斗的激情，能够把优秀个体紧密地联系在一起，对他们来说，价值观得到认同的吸引力远大于薪酬和其他物质激励的吸引力。所以，今天组织管理的核心功能已经演变成价值观氛围营造，如腾讯以"科技向善"的愿景不断激励腾讯人努力奋斗。

新组织文化系统必须具有向善、利他、共生的价值取向，这是组织实现赋能的最重要一环。正是因为企业能够为组织成员赋能，企业文化与价值观体系也让组织成员确信利他与共生的意义，组织成员在文化上才具有了一致性，而这种一致性又使赋能落实到每个组织成员的行为上，使他们不仅是伙伴，而且是事业合伙人，这种新型关系让组织成员更有创造力、彼此更愿意合作。

组织数字化转型的组织价值重构，需要从管理模式、流程系统、结构设计和组织文化四个方面做出改变，我对三种管理模式在这四个方面的改变进行了总结（见表 3-1），希望能够给大家一些帮助。

表 3-1　三种组织管理模式的重要特征比较

特征	管控 - 命令式	服务 - 指导式	激活 - 赋能式
组织结构	层级制	层级弱化 + 跨部门	打破层级、网络化、平台化
信息传递	自上而下	自上而下 + 自下而上	透明、实时、共享
资源配置	与岗位相关、很少授权	与人相关、部分授权	以人为本、柔性化、自主性、授权
协作机制	岗位固化、分工明确	相对分工、鼓励合作	协同共享、自组织
价值导向	稳定性、问题驱动	稳定性、结果驱动	开放性、创新驱动
管理者价值	权威性	成就感	无我

Digital Transformation
of the Organization

第 4 章

重塑人力资源管理

人力资源管理的核心功能，依然是搭建个体与组织共享平台，使个体与组织建立良好的契约关系，通过赋能使员工具有持续创造力。在数字技术背景下，人力资源管理更需要关注个体创造力的激发和团队的协同共生，从多个维度为多主体赋能，从而回归本质，即做好人与组织的价值经营。

Digital Transformation
of the Organization

人力资源管理的发展已经经历了三个阶段（见表 4-1）。人事管理阶段受泰勒所著《科学管理原理》的影响，以"经济人"假设来管理员工，目的是维持员工稳定性，并提升个体工作效率，典型结构是人事部和行政部。随着人对自身认知的提升（认识到人是社会人，而不是机器或者经济工具），开始出现人力资源管理。与人事管理相比，人力资源管理更加专业化，典型结构是六大模块，目的是寻找和激发员工更大的可能性，其核心观点是"人是组织最重要的资产"。

表 4-1　人事管理、人力资源管理及战略人力资源管理的比较

类型	人性假设	解决的核心问题	发展瓶颈	典型的组织结构	管理理论基础
人事管理	经济人	如何维持员工稳定性，并提升个体工作效率	人事稳定、福利管理等不能持续地提升组织效率	人事部与行政部	科学管理理论、行政管理理论等

（续）

类型	人性假设	解决的核心问题	发展瓶颈	典型的组织结构	管理理论基础
人力资源管理	社会人	如何利用人力资源管理的专业化或技术手段，寻找和激发员工更大的可能性	将人视为组织最重要的资产，但后期人力资源管理不能很好地激活人，从而无法支撑战略、紧贴业务	六大模块	人际关系理论、工业心理学等
战略人力资源管理	复杂人、自我实现人	如何利用人力资源管理手段使个体的目标与组织的战略目标达成一致，在实现组织的战略目标与竞争优势的同时，使个体更有机会释放价值并自我实现	将人视为战略资源，但无法有效帮助企业寻求共同成长空间，缺乏共生理念	"三支柱"模式	系统理论、决策理论与权变理论等

资料来源：陈春花，徐少春，等．数字化加速度：工作方式、人力资源、财务的管理创新[M]．北京：机械工业出版社，2021．

随着时代的变迁，人展现出更复杂的一面，有更强的自我实现诉求，组织与个体的关系由此发生了变化，"激活人"成为人力资源管理的瓶颈，为了找到解决方案，战略人力资源管理应运而生。这个阶段将人视为战略资源，希望利用人力资源管理手段使个体的目标与组织的战略目标达成一致，在实现组织的战略目标与竞争优势的同时，使个体更有机会释放价值并自我实现。

人力资源管理发展到第三阶段，组织面对的挑战更大、复杂性更甚，六大模块、"三支柱"模式在协同赋能方面也无法发挥应有的作用。如何有效帮助企业和个体找到共同成长空间，成了人力资源管理面对的新课题，这也是组织数字化转型必须重塑人力资源管理的原因。

新挑战

在数字化生存环境下，管理者和组织都在经历与数字化新世界融合的过程，人力资源领域也不例外。人力资源管理要面对新技术应用、跨组织边界、跨岗位边界的情境，要理解和运用数字工具、智能管理，要在人才招聘与测评、人才发展、薪酬与绩效管理、职位管理等传统职能中融入数字化元素。在与CHO100（由中国领先企业的100位首席人力资源官组成的组织）成员进行深度访谈时，我们发现，这些企业都在使用数字化人力资源管理工具和方法，CHO主要承担的职责也从专业事务转向促进业务、员工和自身的转型，人力资源管理数字化重塑成为行业共识。

为了厘清人力资源管理数字化重塑的方向，我们首先来了解人力资源管理面对的关键挑战是什么。

挑战一：驾驭不确定性成为组织管理的核心之一

如今，数字技术带来的不确定已经成为常态，再叠加其他因素的影响，如新冠疫情、气候、战争等，组织所要面对的外部环境变得非常复杂、不可预测，驾驭不确定性已经成为组织管理的核心之一。

挑战二：员工的职业发展越来越成为一种个人责任

优秀个体或者强个体不愿意长时间待在一家企业里，也不喜欢一成不变的工作岗位，他们更愿意在不同的企业之间流动，这一方面能拓展他们的知识和能力，另一方面能使他们获得更多的发展机会。不断挑战自己、拥有更多体验是今天很多个体的选择。但是，没有企业愿意失去优秀人才。组织清楚地知道，只有优秀人才在组织中感觉良好，拥有好的工作状态和层出不穷的成长机会，他们才会愿意与组织在一起。

挑战三：人机共生成为组织新形态

随着技术发展的深入，组织绩效的来源发生了变化，人工智能等数字技术直接为组织带来绩效，人机共生越来越多地渗透到组织之中。其实在今天的日常生活中，机器人已经承担了很多工作职责，如送货无人机、餐厅送餐机器人、酒店服务机器人、流水线上的机器人等。在不远的将来，人工智能将替代现在很多人的岗位和工作已经成为共识，人和机器一起工作会成为主要的工作状态。

组织驾驭不确定性、员工自我职业规划、人机共生的组织新形态，是人力资源管理面对的三个关键挑战。组织驾驭不确定性依赖于组织成员所具有的持续创造力，员工自我职业规划依赖于组织提供的发展平台和支持赋能，而在人机共生的组织新形态中，要找到激发人的价值和工作意义的方法。所以，三个挑战的应对之道，都需要人力资源管理的重塑。

三大变化

从 2018 年开始，我们的研究团队便与金蝶的研究团队一起合作，开展有关人力资源管理变革的项目研讨。通过调研，我们发现"数字经济时代，企业人力资源管理数字化转型的前五项挑战是：第一，人力资源管理数据化与分析科学化；第二，'新时代员工'多元的价值观与职业期望；第三，员工、团队及部门之间的协同与共享；第四，雇佣关系更多元化，合同工、自由职业者及零工、人才租赁等比例增大；第五，人工智能、机器人技术及自动化等的引入"[一]（见图 4-1）。

以上这些挑战的本质是对人的要求发生了变化。面对数字技术带来的变化，组织管理从关注组织成员的胜任力转到关注创造力，从要求个人服从组织转到组织与个人共生，从关注组织绩效转到兼顾人的意义，这直接导致人力资源管理领域发生了变化，这些变化集中体现在三个方面："人才生态、员工价值定位和组织价值活动"[二]。

[一][二] 陈春花，徐少春，等. 数字化加速度：工作方式、人力资源、财务的管理创新 [M].
北京：机械工业出版社，2021.

图 4-1　集团型企业人力资源管理数字化转型面临的挑战

注：本次数据分析的基础来源于金蝶项目系列调研，包括致联公司外部调研、"走进今麦郎""走进茅台"及《中外论坛》的调研。数据分析的总样本数为792，来源于多个行业。由于篇幅所限，此处仅展示一些较为重要的数据与发现。

资料来源：陈春花，徐少春，等.数字化加速度：工作方式、人力资源、财务的管理创新[M].北京：机械工业出版社，2021.

变化一：人才生态

人才生态是指各类人才群体与其生存环境所形成的有机复合状态。我们的研究发现，"新的工作主体与多元用工形式是人才生态的显著特征"[⊖]。

新的工作主体包括三部分成员。第一部分成员是60后、70后和80后员工。他们接受过工业时代的训练，具有很强的组织属性，

⊖　陈春花，徐少春，等.数字化加速度：工作方式、人力资源、财务的管理创新[M].北京：机械工业出版社，2021.

熟练掌握传统业务工具，但对数字技术的了解较少，被称为"数字移民"。第二部分成员是85后、90后等新生代员工，拥有丰富的数字体验，被称为"数字原住民"，他们个性张扬，自我意识明确，创新能力强并以自我兴趣为导向。第三部分成员是机器人、人工智能产品等。"它们部分或者全部替代了人类的工作。《德勤2018全球人力资本趋势》报告显示，'人工智能、机器人技术和自动化已在工作场合迅速立足、扩展，其速度远高于许多组织的预期'。"⊖

多元用工形式已经逐渐成为一个基本趋势。正如上述调研结果显示，数字经济时代，雇佣关系更多元化，合同工、自由职业者及零工、人才租赁等越来越被企业所接受。"组织内工作将不一定全部依赖于组织内部的全职雇员来完成，而将通过多元化的工作主体和方式来完成。"⊜从个人的视角去看，员工负责自己的职业发展规划，在数字技术的帮助下，员工不再是局限于某一具体领域或具体组织的工作个体，他们可以跨团队、跨组织提供知识、技能和服务，甚至可以独立负责全工作流程。

人才生态的变化，还带来了一些传统人力资源系统所不具备的价值。其中一个最显著的价值就是人才生态形成人才集聚效应，尤其是在新技术领域、新产业领域，人才生态不仅有利于实现人才自身的价值，而且能产生动态的组织组合能力，使诸多人才集聚在一起，形成工作主体的互利共生关系和良性竞争关系。而人才之间的

⊖⊜　陈春花，徐少春，等. 数字化加速度：工作方式、人力资源、财务的管理创新 [M]. 北京：机械工业出版社，2021.

知识、技能和信息互动，有利于实现"人才再生产"和"知识再生产"。

变化二：员工价值定位

管理好员工期望值是一件很困难的事，涉及三方面如何统一的问题，这三方面分别是组织对员工的期待、员工对组织的期待、员工对自我的期待。其关键是员工价值定位，员工价值定位是指员工在对组织和自我的目标期望值与实际可能达成的期望之间的选择。在传统组织中，员工价值定位的主导者是组织，员工以组织价值为导向确定自己的价值定位。

自己的事情自己做主是新生代员工的共性特征，这导致员工价值定位和组织价值定位开始产生较大的差异。美国职业培训BetterUp 团队调查了来自 26 个行业共 2285 名美国专业人士对工作意义的看法，并发布了《工作的意义和目的》报告，他们发现，90% 的人宁愿少赚钱，也要做有意义的工作。[一]类似的结果也出现在我们对新生代员工的调研中，他们把自己感觉有兴趣和有意义的工作排在首位，如果为此收入减少，他们也不会太在意。

我在主讲《组织行为学》这门课程时，曾经问过学生们一个问题："金钱是最重要的激励手段吗？"学生们的答案和 10 年前完全不

⊖　Achor，et al. 90% 的人愿意少赚钱来换一份有意义的工作，你呢？ [EB/OL].（2020-07-17）.https://www.163.com/dy/article/FHO6JFEN0512D8L6.html.

同。10 年前，有超过 80% 的学生认为金钱是相当重要的激励手段，但现在只有 20% 左右的学生是这样认为的，甚至还有 20% 左右的学生认为金钱不重要。

新生代员工对组织价值的期待非常高，他们希望在一家"伟大公司"里工作，如苹果那样去创造"伟大产品"的公司。我们可以把"伟大公司"定义为企业价值，把"伟大产品"定义为工作价值，企业价值和工作价值构成员工对组织价值的定位，员工在此基础上确定自己的价值定位。

新生代员工更关注成就感和社会价值创造，更在意个人兴趣，对工作意义和使命感有更高期望。他们有宽广的视野、良好的教育背景和技术能力，能理解自己与环境、自然和可持续发展的关系，因此他们更希望兼顾工作和生命的意义，追求工作与生活的平衡，不会为了工作而工作。

变化三：组织价值活动

数字技术带来的最根本的改变是，企业价值活动从关注产品或服务转向以顾客为中心，员工、组织和顾客之间的关系被重塑，彼此之间形成协同共生关系。数字技术一方面赋能员工和组织，使其直接为顾客创造价值；另一方面也帮助企业赋能生态伙伴，共同为顾客创造新价值。组织价值活动从组织内部员工延伸到组织外部的顾客和生态伙伴。

正因为如此，今天的人力资源部门不但要承担对内为员工赋能的基本工作，还需要同时考虑"对外管理"，即成为企业战略和组织运营的伙伴，参与、选择和执行战略的外延扩展，使其延伸至顾客、伙伴端。如腾讯人力资源的一项重要工作就是赋能腾讯的生态伙伴，美的集团的人力资源工作也有相同的工作内容。

通过这些方式，人力资源管理从员工技能的提升扩展到战略与组织变革的推进，从人力资源自身数字化能力的打造扩展到服务组织的运营，不断推动着组织构建起数字化能力。

重塑方向

了解挑战和变化能帮助我们厘清人力资源管理数字化重塑的方向：在数字化时代背景下，发挥组织数字化转型中人力资源管理的价值和贡献。

通过调研，我们发现，"数字经济时代，集团型企业人力资源管理数字化转型中最为重要的前三项战略性工作是：第一，提高人力资源部门战略规划水平；第二，提高组织设计水平，按照数字化运营需要设置岗位；第三，赋能员工，为员工提供高价值创造工作"⊖（见图 4-2 ）。

⊖ 陈春花，徐少春，等 . 数字化加速度：工作方式、人力资源、财务的管理创新 [M]. 北京：机械工业出版社，2021.

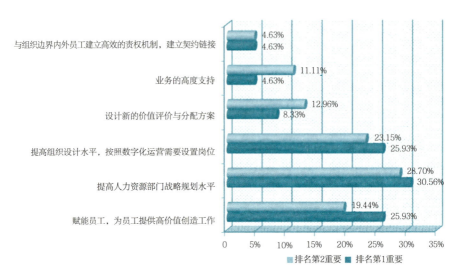

图 4-2　集团型企业数字化转型中人力资源管理工作的重要性排序

戴维·尤里奇（Dave Ulrich）在 1997 年出版的《人力资源冠军》(*Human Resource Champions*)[⊖]一书中，提出了人力资源部门在组织中的四个重要角色，即战略合作伙伴（Strategic Partner）、效率专家（Administrative Expert）、员工支持者（Employee Champion）与变革推动者（Change Agent），这也是实践管理中人力资源"三支柱"模式的重要理论基础。结合企业调研结果和尤里奇的观点，我们确定了重塑人力资源管理的五个方向。

方向一：与战略管理高度契合

重塑人力资源管理的第一个方向是与战略管理高度契合。基于

⊖　Ulrich D. Human Resource Champions：The next agenda for adding value and delivering results[M]. Boston：Harvard Business School Press，1997.

战略的要求，人力资源管理应从关注自身系统规划转向关注企业战略规划，充分理解战略并围绕战略规划预测人力资源需求、知识系统更新频率、成员活力程度与动态流动等，根据人员及其能力的实际情况做出有效的人力资源规划。

在工业时代，企业能够明确自身的核心竞争优势，与此相适应的是组织分工明确，人力资源管理承担专业职能并发挥效用。而在数字化时代，企业很难再拥有明确而稳定的竞争优势。"随着数字技术的深入发展，变化的速度加快，制定适应变化的战略并高效实现战略显得更为重要，这意味着人力资源管理必须和战略高度契合，也就是说，人力资源部门不仅是一个独立的职能部门，它本身也是战略构成的一部分。"[○]

动态战略决定了企业本身要有能力对变化做出响应，因此，企业战略从工业时代的资源模型转向了数字化时代的能力模型。企业围绕战略发展所进行的战略转型、融入新技术、重新定义行业以及整合新资源，都要求人力资源管理为战略目标高效匹配人员和技能，快速优化现有的人力资源，并准备好明天的人力资源。"在高度契合战略的维度，人力资源管理承担管理战略性人力资源的角色与管理转型和变化的角色，并因此被人们形象地比喻为'战略伙伴'和'变化的助推剂'，其核心作用是把人力资源和战略结合起来，保证组织和成员具备应变能力。"[○]正如尤里奇所言，"一个好的 HR（人力资

○○　陈春花. 价值共生：数字化时代的组织管理 [M]. 北京：人民邮电出版社，2021.

源管理者）就像一个好的 CEO"。

方向二：成为组织运营与业务的伙伴

重塑人力资源管理的第二个方向是成为组织运营与业务的伙伴。人力资源管理应更新人力资源体系的建设，承接业务需求和客户需求，使人力资源体系从职能型向业务伙伴型转变。

通过对优秀企业的研究，我们深刻感受到人力资源的深远影响，甚至在一定意义上来说，这些企业的成功就是人力资源的成功。在这些企业，人力资源的投入紧紧围绕着企业价值战略与业务发展策略，人才成长与业务成长紧密相关，人力资源的评价与组织效率、绩效成长紧密相关。海尔的"人单合一"模式、美的的高绩效评价系统等都表明，支撑企业的高效运转与高绩效文化的正是三个与人力资源息息相关的要素：组织简约、流程简化、员工职业化。

人力资源管理需要成为组织运营与业务的伙伴，立足于支撑业务战略。要理解并熟悉企业的业务逻辑及体系，将人力资源工作纳入组织运营与业务发展策略之中，通过优化组织流程和提升组织系统的效率支撑业务发展；要了解人才能力与业务需求之间的匹配程度，完成人员能力建设及其与业务技术的对接；要理解顾客需求和公司的业务需求，并在承接这些需求的基础上，建立起有效的支撑体系并实施解决方案。

成为组织运营与业务的伙伴，就是要求人力资源管理能够提供基于顾客、任务、活动的跨工种、跨部门、跨区域的人力匹配与组织效率提升的解决方案。在这个方向上，人力资源管理要特别关注构建跨部门、跨团队以及企业与外部伙伴之间的协同工作关系，借助"共享服务体系"整合、重组企业内部与外部价值链及流程，提升整体协同效率。在人力资源管理专业领域，需要致力于将业务逻辑和顾客逻辑贯穿于价值评价、绩效管理和员工成长之中，以打造顾客价值与业务驱动的人力资源体系。

方向三：多主体、多维度赋能

重塑人力资源管理的第三个方向是多主体、多维度赋能。这个方向的重塑，意味着人力资源管理找到了多工作主体、多元用工方式以及适应员工新价值需求的解决方案。人力资源管理提供适合于不同主体工作的支撑系统，组建柔性组织，实施多元用工方式；为员工提供帮助，以满足他们从技能、绩效到心理上的需求。

多主体、多维度的赋能首先体现在构建多主体的"契约关系"上。《德勤 2019 人力资本趋势》报告显示，非传统劳动力将成为主流，如何管理这种多元生态是"契约链接"关注的重点。

张瑞敏为海尔构建了一种"链群合约"机制，这种机制帮助生态链上的人和小微主体形成完全契约关系，并能不断迭代，自组织、自驱动，快速满足顾客个性化的需求。在《华为基本法》中，"华为主张在顾客、员工与合作伙伴之间结成利益共同体。努力探索按生产要素分配的内部动力机制。我们绝不让奉献者吃亏，奉献者定当得到合理的回报"。这表明华为构建了契约和信任相互作用的机制，用中国人民大学商学院教授黄卫伟的话说，"信任是保证弥补契约的不完整性的重要机制"。企业实践和现实需求，都要求"人力资源管理要做好'契约链接'的系统设计"⊖。

多主体、多维度赋能还体现在对员工知识与技能的更新上。我们研究团队对此进行了调研，"我们调查了 500 名人力资源工作者（包括 150 名人力资源中高层管理者），结果发现，员工需求度高的是弹性工作时间、协同办公软件、移动办公、心理健康咨询等。这说明员工更需要自主性、技术赋能及心理支持，这是人力资源赋能工作的核心"⊖。问卷调查中，有关技能的调研结果也显示出员工对获得与新技术相关技能以及内心成长的迫切性（见图 4-3）。

今天，大部分企业都非常在意员工体验，希望通过提升员工体验感让员工感受到工作的意义。美国未来学家雅各布·摩根（Jacob Morgan）认为，员工在一个组织的总体体验由其经历的文化、技术及物理空间决定。调研和研究都说明，多维度赋能需要更多新价值投入，如价值观与文化的认同，大数据、AI 等数字化、智能化服务，以及平台和工作空间相互协同与技术赋能。

⊖⊜   陈春花，徐少春，等 . 数字化加速度：工作方式、人力资源、财务的管理创新 [M].
北京：机械工业出版社，2021.

图 4-3　新技术出现时员工需具备的技能

资料来源：陈春花，徐少春，等.数字化加速度：工作方式、人力资源、财务的管理创新 [M].北京：机械工业出版社，2021.

我们在相关课题的研讨中利用目标与关键结果法（Objectives and Key Results，OKR）来拓展相关赋能工具。OKR 本质上是目标驱动管理工具，它更关注如何实现目标、如何衡量关键结果，优势是让组织更聚焦、能及时响应外部变化。OKR 的最大优势是可以与外部环境互动，确保员工协同工作、集中精力在具体目标上，并可衡量其精准贡献。

OKR 是面对不确定性的有效管理方法，被很多领先企业采用。我们从赋能的结果和实际工作出发，将 OKR 拓展为 OKRE（目标与关键结果及赋能法，其中 E 是"Enabling"，即赋能），OKRE 强调通过在核心层面对个体和团队进行赋能来实现关键目标和结果。[⊖]OKRE 有四个核心特点：

⊖　陈春花，徐少春，等.数字化加速度：工作方式、人力资源、财务的管理创新 [M].北京：机械工业出版社，2021.

- 关注个体成长需求与组织目标之间的融合，构建融合的目标价值体系。
- 明确关键结果和目标实现路径或结构体系。
- 关注数字技术框架支持与组织结构支撑。
- 关注外部环境，根据外部环境变化进行内部调整。

相比 OKR，OKRE 更强调赋能实现的路径，如利用共享平台、生态伙伴、战略指导委员会以及整合服务中心等多种方式赋能。

方向四：人力资源管理自身的数字化能力

重塑人力资源管理的第四个方向是打造人力资源管理自身的数字化能力。这既是人力资源管理支撑组织数字化转型的基础条件，也需要人力资源体系整体做出改变。

虽然一些企业在这方面已经取得了一些成效，如平安打造的 HR-X 智慧人事一体化系统率先获得数字化人力资源的效用，但是，相对于员工的数字化能力、企业战略与业务的数字化能力而言，大部分企业的人力资源管理系统在数字化能力方面仍是滞后的。处于前端的战略与业务端直接面对顾客、市场和行业的数字化变化，这倒逼着它们转型，而处于后端的人力资源体系并未完全跟上，所以，打造人力资源管理自身的数字化能力是重塑的重要方向之一。

打造人力资源管理自身的数字化能力，首先要做到人力资源业务的数字化，即与员工相关的人力资源业务的在线化、自动化和智能化，打造人力资源的数字化业务场景。将数字技术应用于人才的选用育留、员工绩效管理、薪酬管理等业务模块，可以使人力资源管理更高效地服务员工和支撑公司业务发展。多工作主体、多元用工方式的企业对人力资源管理自身数字化的需求更加急迫。

我们的调研显示，数字技术出现后，人力资源管理应该重点考虑的排名前四的问题是：第一，在有效应用人工智能或机器过程中，员工需要具备的技能（82%）；第二，人、机器智能技术的搭配方式（73%）；第三，组织内何种任务和活动可自动化（62%）；第四，选择应用何种技术（41%）。对这四个问题的关注，说明人力资源管理者认为，通过人力资源业务数字化，人力资源部门可以从烦琐的职能工作中释放出来，做更核心的工作，成为公司的战略和业务伙伴。

其次是数字化人才决策，即运用人力资源数据分析，进行与人才相关的决策。数字化人才决策可以弥补管理者主观判断的不足，及时调整人才模型，对人才实施动态评价与管理，使其更好地支撑企业战略，由此实现良性循环。基于人力资源数据分析做出的人才决策，也有利于管理层更好地理解员工需求，评估其能力状态和价值贡献。

最后是人力资源管理专业队伍的数字化能力建设，这是对人力资源管理从业人员提出的新要求。前述调研所列出的四个重点关注问题，都围绕着对数字技术能力的要求，如果从业人员不具备这些能力，这一切就毫无意义。通常来说，从业人员都具有良好的人力资源管理专业能力，但是在数字技术能力方面却往往存在"短板"，他们需要及时补充数字技术及知识，提升数字技术能力。

方向五：构建价值共享机制

重塑人力资源管理的第五个方向是构建价值共享机制。人力资源管理需要围绕着"人的价值创造"构建价值共享机制，以价值驱动成长，从而实现组织的数字化转型。这是人力资源管理重塑的核心意义，更是组织数字化转型的本质特征——赋能员工、顾客、伙伴。

组织数字化转型也可以理解为以价值共享吸引不同利益相关者参与，从而创造顾客价值新空间，实现企业和伙伴的成长。数字化转型所需要的智能协同、敏捷团队因数字技术工具和平台而变得更加可行和高效，从另一个角度来说，数字技术工具和平台最终是为了赋能人，其贡献必须依赖于人的价值活动，所以，虽然数字技术是转型的重要因素，但是价值共享机制才是核心意义。

价值共享机制包括以下几方面内容：首先，创造顾客价值新空间，时刻以顾客价值增值为目标；其次，关注不同主体的价值创造和贡献，通过组织内外部系统之间的共生协同实现整体价值最优；再次，借助"数字穿透"能力，通过数据、信息与知识的共享，协同创造价值，并由此使企业与利益相关者形成长期共生的价值空间；最后，价值创造的衡量，可以及时激励共创价值的员工，实现高效的"员工激活"。

正如第 2 章"共生战略"一节中所阐述的那样，企业在领域、位域、时域中的战略选择，创造了不同的价值空间，这要求组织以多维视角评估和挖掘顾客价值，与利益相关者构建新型的合作关系，并在多维度上阐述和达成价值共识，形成共生协同的整体价值，进而让参与者产生更大的价值释放。

价值共享机制的关键在于四个方面。一是价值诠释机制，强调对顾客价值的共识性理解以及对共创、分享和共生价值的强化认同，激发共同投入。二是价值识别机制，强调整体化识别，系统化地体现多维度的价值构成要素。三是价值激励机制，强调以价值激励为主，而不仅仅是绩效激励。价值激励更在意绩效基础上的价值增值贡献，更在意对顾客和利益相关者的支持和帮助。四是价值分配机制，强调按照利他原则与价值贡献进行分配，并协调价值空间，让参与主体获得应有的回报，使每一位成员都致力于为顾客创造价值。

微软构建的新价值体系就强调促进合作、帮助成长、奖励价值这三个维度，它要求员工时刻反思自己的贡献是什么，以及是否为他人的成功做出了贡献。海尔的"共赢增值表"更是关注员工、用户和产业伙伴的整体价值分配，激励各参与者持续进行价值共创并成为协同共生体。

价值共享机制的根本在于充分发挥人的作用。在工业时代，企业价值、用户价值、员工价值、伙伴价值在某种程度上是零和博弈，但是在数字化时代，利益相关者之间不再是零和博弈，而是协同共生关系，所有成员在协同共生中共享价值。在这种全新的关系之中，人的价值最大化成为根本动因。数字技术通过赋能人，将价值活动高效地组合在一起。员工价值的释放继续推动用户、伙伴的价值实现，企业的价值也因此得以提升。最终，生态圈内的所有成员都得到价值共享，实现共同生长、共同繁荣，生态价值得到充分发挥。

人力资源管理的核心功能，依然是搭建个体与组织共享平台，使个体与组织建立良好的契约关系，通过赋能使员工具有持续创造力。在数字化时代，人力资源领域也和其他领域一样，发生了深刻变化，人工智能等数字技术开始替代程序化的工作，释放人的价值创造力，人力资源管理更需要关注个体创造力的激发和团队的协同共生，从多维度为多工作主体赋能，更好地帮助人力资源管理回归本质，即做好人与组织的价值经营。

第 5 章

打造数字工作方式

数字工作方式，是指通过建立数字工作系统，形成敏捷团队、赋能数字个体、升级数字领导力，以更高的效率为顾客创造价值，并由此获得企业的成效与结果。在这个过程中，每一位工作者都必须做出改变。我们深知，其真正的挑战并不是技术，而是组织成员的心智改变，以及重建组织运作机制的能力和行动。数字工作方式的核心是智能协同，让人更有价值、更有成效。

Digital Transformation
of the Organization

　　数字工作方式是过去 5 年来我们团队的另一个研究主题。对数字工作方式的持续研究让我重新思考、观察数字技术对工作方式的影响，以及新工作方式所需要解决的基本问题。

　　从实践角度来说，工作方式通常是指人们为达到一定的目的和效果所采取的工作办法和手段。那些公认的好工作方式，能够帮助工作者在工作中取得成效，获得满足感或者幸福感，并能驱动其不断努力、持续成长。从工作动机的角度来理解工作方式，人们对令人满意的工作、志趣相同的同事以及令人愉悦的环境这三个因素看得更重。也许满足感不一定能够带来高绩效，但是满足感一定能够增强工作者与组织之间的联结。

　　查尔斯·汉迪在《组织的概念》一书中引用了亚里士多德的一段话："第一，要有一个明确的、清晰的、现实的理想，或者说是目标、目的；第二，要以必需的手段来达到你的最终目的——智慧、金钱、资源和方法；第三，根据目的来调整手段。"这段话启发我从三个方面来探讨如何打造数字工作方式：取得成效的方式、工作者认知框架更新、数字工作方式的四个要件。

取得成效的方式

工业时代，企业创造了岗位，以劳动属性定义，工业经济也被称为岗位经济。自从泰勒的科学管理原理被广泛运用，尤其是韦伯的科层制带来大型组织的高效率后，组织中岗位与角色固化并成为一种基本的工作方式。在这种传统工作方式中，个体有固定角色、固定路径，承担明确的任务，主要通过按照流程和标准完成企业交付的具体任务来获得工作成效。而管理者最在意的，是组织给自己什么岗位、什么角色、什么资源，让自己管理多少个下属。

在传统工作方式下，企业为个体确定的岗位设置、角色分工、资源匹配，都围绕着它所设定的目标任务。在个体工作的过程中，企业会明确其工作标准、权责界限以及关键行为，以确保其完成工作任务、实现组织目标。所以，工作者取得工作绩效的关键，是具有对岗位角色的胜任力。只要工作者符合企业对岗位角色的要求，具有胜任力，以考核标准去工作即可取得工作成效。人力资源管理

　　⊖　汉迪.组织的概念 [M].方海萍，等译.北京：中国人民大学出版社，2006.

工作也以岗位分析、绩效考核和胜任力评估为主。

在传统工作方式下，绩效产生的关键是企业在相对稳定的环境里，目标与企业边界都是相对明确的，企业可以按照目标来设定工作者的岗位和分工，同时确定绩效标准。但是，在数字化时代，企业不可能一直处在稳定的环境里，决定企业目标和绩效的因素由内部可自我确定的要素转变为外部无法自我确定的要素。工作者、顾客、产业伙伴甚至智能机器等多工作主体共同影响着企业的绩效结果。

因此，企业无法单方面设定工作任务和工作目标，岗位设置不再是固定的，也无法明确分工，常常需要一个人同时承担多个任务，比如他可能既是一个任务的主导者，也是另一个任务的辅助者。企业不再通过管控工作者来取得成效，而是需要激活工作者，为其提供进行创造性工作的机会和条件。

在数字化时代，一方面工作者更关注自己所创造的价值和未来可预期的能力提升，另一方面企业更关注动态的变化及其对工作目标的影响。这两者组合在一起，就构成了数字工作方式的内涵，即组织与工作者共同设置工作目标，组织授权和赋能工作者，使其与利益相关者一起创造价值；工作者既要具备动态工作能力，能自主创造新价值，又要与其他人广泛合作，协同创造价值。这与传统工作方式是完全不同的（见表 5-1）。

表 5-1　两种不同工作方式中的工作者内涵

工作者内涵	传统工作方式	数字工作方式
定位	任务工具人	价值共创者
角色	固定角色	结果产出的关键领导者
路径	固定路径	工作目标的共同管理者

由此我们可以看到，在传统工作方式中，工作者是"任务工具人"，需要理解组织设定的任务目标，按照关键行为要求的固定路径，以其被分配的固定角色完成组织交付的具体任务。在这种工作任务明确、绩效标准明确、岗位要求明确的工作方式中，工作者本人的胜任力和努力程度是获得工作成效的关键。所以，人们认为在传统工作方式中，工作者的意愿和能力是影响工作成效的两个核心因素。

在数字工作方式中，工作者是"价值共创者"——既是工作目标的共同管理者，也是结果产出的关键领导者。"在新的工作成效获取方式中，工作者对战略目标的理解和适时动态调整自身行为的能力、协同利益相关者发展的意愿、参与创造顾客价值的机会成为影响工作成效的三大核心因素。"⊖此时，工作者存在的意义就是不断产出新结果、创新价值，这充分体现了数字工作方式底层逻辑的变化。

在数字工作方式中，工作成效首先取决于工作者的创造力，其次取决于工作者与他人的协同。任务完成的质量取决于工作者和利益相关者（包括同事、顾客、生态伙伴等）的共同贡献。找到新价值空间既能为企业目标服务，也能为利益相关者服务，并最终为顾客

⊖　陈春花，徐少春，等 . 数字化加速度：工作方式、人力资源、财务的管理创新 [M]. 北京：机械工业出版社，2021.

价值服务。

在工业时代，组织依靠的是工作者的胜任力和执行力。在数字化时代，组织依靠的是工作者的创造力、与他人协同工作的协作力、理解变化以及与顾客价值创造之间关系的洞察力，这意味着影响工作者取得工作成效的核心因素变了（见表5-2）。我们要特别关注这些变化，只有这样，才能通过理解取得成效方式的改变，理解数字工作方式带来的根本变化。

表 5-2 影响工作者取得工作成效的核心因素变化

核心因素	工业时代	数字化时代
意愿	工作者本人的工作意愿	工作者协同利益相关者的发展，主动参与创造顾客价值
能力	工作者本人的工作能力	工作者对战略目标的理解和适时动态调整自身行为的能力
成效	工作者本人的胜任力和努力程度	工作者的创造力，以及与他人的协同

工作者认知框架更新

人为什么要工作？当我在课堂上问同学们这个问题时，得到的答案非常多元。一些同学为了自我成长、取得成就而工作，一些同学为了生存需要而工作，一些同学为了社交而工作，一些同学为了消耗能量和时间而工作，还有一些同学是因为兴趣和喜欢⋯⋯完全不同的工作目的，为企业激励带来了挑战，也导致了不同的工作结果。

我们知道，工作者的工作意愿和能力是影响工作成效的主要因素，但直接影响工作意愿的却是工作认知，所以，关注工作者对工作的认知在组织管理中至关重要。

对工作认知的研究，在大部分情况下是从工作激励的视角展开的，集中体现在对员工需求的了解。

亚伯拉罕·马斯洛（Abraham H. Maslow）的需求层次理论关注生理需求、安全需求、社交需求、尊重需求和自我实现需求。克莱顿·奥尔德弗（Clayton Alderfer）的需求理论提出，人们同时有三种核心需求——生存需求、关系需求和成长需求。赫茨伯格（F. Herzberg）的双因素理论（Two-factor Theory）则关注令人满足的因素和令人不满足的因素，他提出了"激励因素"和"保健因素"以及它们的不同作用。戴维·麦克莱兰（David C. McClelland）和他的合作者观察了不同文化和不同社会领域的人的思考方式，归纳出所有人共同拥有的三种动机或需求，其中对成就需求（need for achievement）的研究产生了非常大的影响。

这些有关需求的研究，可以帮助我们更深入地理解个人的差异、人性和行为。本书不打算在这个方向深入探讨，只是想强调：了解这些相关理论、思考这些因素对个人工作可能产生的作用，对管理者取得工作成效会有帮助。

本书决定从工作设计的视角去探讨工作者认知的问题。工作设计主要包括任务分解、正式责任分配、岗位角色设定以及各角色之间的连接机制和协作机制设置，它依赖于公司的组织结构设计、激励-约束机制以及组织文化。管理者有责任为组织成员设计工作，包括工作范围、个人责任和控制权范围、参与决策的程度以及相应的资源权限。

在相对稳定的组织结构中，工作设计也相对固定，工作者可以通过组织设定的工作任务、工作目标、工作岗位，明确了解到自己的工作权限、工作范围、相应的资源以及完成工作任务后可以得到的奖励。从工作者的视角去看，组织会为工作者进行工作任务规划，并按照规划来进行招聘、培训和绩效考核，然后支付薪酬和福利。组织与工作者之间，本质上是工作任务分派与接收的关系。组织将自己与工作者之间的关系称为劳动关系并加以保护。

以工作任务分派为特征的工作方式，在目标明确、产业条件相对稳定的环境下，可以使组织获得高效率。同时，任务清晰明确，为任务匹配的资源和相应的支持、价值创造与价值评价同样清晰明确，工作者可以快速投入工作，因此个人的工作成效也清晰明确。而组织所要做的就是不断关注工作者的胜任程度，及时给予支持和帮助。如此，组织绩效和工作者工作成效两方面都能获得成功。

在工业时代的工作系统中，组织管理的基本假设是"企业是创造顾客价值的主体"。组织管理完全可以以企业为中心进行价值活动分派，因此，工作者被认为是为企业完成顾客价值创造的任务工具人。在完成对工作任务的分解之后，企业会围绕着工作任务进行资源配置，因此，这决定了人力资源管理工作的六大模块：人力资源规划、招聘与配置、培训与开发、绩效管理、薪酬与福利、劳动关系。这六大模块的作用是保障和支持工作者取得工作成效。所以，**在工业时代，工作者的工作认知，就是对工作任务的认知。**

对工作任务的认知，决定了工作者只在组织设定的工作范围内工作，一些工作者也许一辈子只在一两个岗位上工作过，比如装配线上的焊接工、仓库保管员，他们兢兢业业地完成自己的工作任务，从而获得相应的报酬。每次探讨这个话题，我总会想起卓别林主演的《摩登时代》中的画面：一个人被完全固化在一个岗位上，最后异化。

为了消除工作内容的单调性，人们进行了很多探索，已经被证明有效的方式包括工作者工作范围扩大化、参与决策和获得授权等。它们使员工有机会扩大自己的工作范围，获得一定的空间，从而决定或者设计自己的工作质量、标准；让员工有机会参与一些辅助性工作的决策，或得到一定的授权，以释放员工的创造性价值。这些尝试的确带来了积极的效用，但是，从本质上而言，它们仍然以工作任务为核心，员工仍然在确定的工作岗位上工作。

如前所述，数字化带来企业价值活动的改变，使其从以企业为中心转向以顾客为中心。数字技术赋能工作者，让他们直接为顾客服务，与产业伙伴共创价值，最终，工作者和产业伙伴一起为顾客创造价值。企业不再是创造顾客价值的唯一主体，工作者成为主体之一。在这样的价值活动中，只有创造性工作与协同工作才能够取得成效，这要求工作者更新工作认知。这是工作者必须改变工作认知的第一个因素。

人工智能、机器人对人的替代，是导致工作者必须改变工作认知的第二个因素。经济合作与发展组织（OECD）对超过 20 个成员的数据进行分析后称，随着人工智能与机器人等数字技术的发展、应用和渗透，46% 的人类工作岗位将会受到影响。[○]按照另外一些专业领域的报告所言，到 2036 年左右，超过 60% 的现有工作将被人工智能覆盖。一些岗位将会消失，完全被机器人替代；一些岗位工作性质完全改变，对人的知识和技能提出全新的要求，在这些岗位上的人可能会因此被淘汰；还有一些全新的岗位出现，要求人机协同工作。早在 2015 年对制造业数字化转型进行调研时，我们已经发现，标准化、可量化、可衡量、可程序化的工作将会被机器替代。在这种情况下，岗位及工作内容、工作技能都将发生变化，工作认知也必然随之改变。

第三个因素是工作者自身的变化。有远见的组织一定会看重和保护工作者的自主创造性，因为具有自主创造性的工作者是组织最为重要的资产。

美国陆军上将乔治·巴顿（George S. Patton）有句名言："永远不要告诉别人应该如何去做；告诉他们该做什么，他们会用聪明才

○　卜晓明 . OECD 称 46% 的工作将因自动化技术发展受到影响 [EB/OL]. （2018-05-18）. https://baijiahao.baidu.com/s?id=1600753802621184554.

智给你惊喜。"对于有自主创造性的员工，简单的工作分解和岗位设置会让他们感觉创造力与自主性受到束缚，他们对管理者和组织的要求更高——要求管理者提供工作协助和支持，要求组织提供平台机会。

邱泽奇教授认为："在数字平台背后潜藏的其实又是社会的变化，即人类行动者之间的高度互联。高度互联，让每个人与所有人相连，一个人的技能服务，一个人的知识服务，一个人的劳动服务，一个人的制造产品，可以服务于世界范围内每个有需求的人。"⊖具有自主创造性的员工，既有明确的自我认知，也能理解工作的价值，并愿意把两者有机结合在一起形成工作认知。

企业价值活动的改变，人工智能、机器人等多工作主体的出现，工作者自身的变化，这三个变化决定了企业需要新的工作方式，而在新工作方式之下，工作者认知框架也需要更新，从工作任务认知转变为价值共创认知。

数字工作方式的四个要件

本书把新工作方式定义为数字工作方式，那么什么是数字工作方式？"数字工作系统围绕数字化顾客价值的创造与获取所建立的敏捷团队，更关注快速响应数字化顾客价值，以赋能工作者并协同

⊖　邱泽奇.零工经济——智能时代的工作革命[EB/OL].（2020-09-03）.https://baijiahao.baidu.com/s?id=1676817759175665528.

团队中所有工作者达成更高目标为关键要务。因此，企业必须合理利用数字技术，以协同为核心，重组数字团队赋能数字个体以及升级数字领导力，我们把数字工作系统中的工作方式称为数字工作方式。"⊖打造数字工作方式需要四个要件，分别是数字工作系统、敏捷团队、数字个体、数字领导力。

要件一：数字工作系统

Digital Workplace Group（DWG）的创始人兼首席执行官保罗·米勒（Paul Miller）在 2009 年就撰写了《数字化工作空间：技术如何解放工作》一书，关注工作空间的演变以及工作进展。米勒认为，数字化工作空间应涵盖三个要素：数字存在、治理，以及速度和效率。到 2014 年，Gartner 行业分析师将数字化工作空间定义为"一种持续的、深思熟虑的方法，以提供更加面向消费者的工作环境，更好地促进创新和敏捷的工作实践"。2015 年，阿里巴巴的钉钉正式上线，为人们提供了数字工作系统整体解决方案。2016 年，腾讯推出企业微信，为企业提供连接内部、连接生态伙伴、连接消费者的数字工作系统。同年，字节跳动的新一代一站式协作平台——飞书上线，这个保障字节跳动全球数万人高效协作的办公工具，现在已经为更多企业提供数字工作系统。

还有个值得一提的案例是金蝶。通过"智能协同"的工作方式，

⊖　陈春花，徐少春，等.数字化加速度：工作方式、人力资源、财务的管理创新 [M].北京：机械工业出版社，2021.

金蝶帮助 680 万家企业完成了数字化转型。具体而言，金蝶以数字技术为基础，以为客户企业构建适应数字经济时代的企业业务能力为目的，帮助企业塑造数字工作方式。在金蝶"智能协同"系统的帮助下，工作者可随时随地高效参与企业的价值创造活动以及价值交付活动。

以工作者效率的提升为例，"智能协同"的数字工作系统可以在两个方面发挥作用：一是从工作流程导向转向价值创造导向，二是从低效率的手工转向高效率的数字化。除此之外，众多企业也在研发和创建自己的数字工作系统，使员工能随时随地开展工作，赋能员工、顾客和伙伴，协同创造价值。

数字工作系统的目的是提供更高效的协同效率、更个性化的工作体验、更安全可靠的数据支持以及更便捷的工作场景。通过构建数字工作系统，可以有效增强工作者之间的互动，使其更便捷地获得支持；为工作者提供更全面的工作工具，这既能帮助工作者高效协同工作，又能让工作者感受到个体的自主性，获得更高的满足感。

要件二：敏捷团队

企业持续发展的关键在于，组织在形成共同价值观的同时，保有更多的差异化与多元化，组织变得更柔性，从而具有动态适应变化的能力。琳达·亨曼在《高绩效团队》一书中也提出：组织应树立正确的发展理念，保持企业长期发展与短期利益的平衡；为团队赋

能，加大团队优势，激发员工的潜力；保持团队活力，保持人才优势，进而获得翻倍的绩效。[一]

现在，一些领先企业开始让员工自治管理，越来越多的正式组织接受自组织形式的团队，比如腾讯就通过"活水计划"给予工作者自主选择管理者的权力，从而提升整体工作成效。这表明，敏捷团队可以高效实现组织的价值创造和绩效成长。

敏捷团队之所以高效，是因为组织成员通过数字工作系统，与组织内外的伙伴互动，产生线上线下融合的高效行动，实现价值连接、协同、创造和分享。敏捷团队强调团队成员之间的主动协同、主动自我管理，是自驱动的团队。

丹尼尔·平克（Daniel H. Pink）在《驱动力》一书中提出，要打造一个高度参与和有积极性的团队需考虑三个关键因素：首先，团队要有共同的使命感；其次，团队成员获得授权，可以自主工作以实现团队目标；最后，团队成员精通各自的专业领域并能持续精进。[二]这也是敏捷团队的三个关键要素。

要件三：数字个体

数字个体是随着数字技术的发展而产生的新族群，是与数字技

[一] 亨曼. 高绩效团队：打造强悍竞争力的学习型团队 [M]. 肖剑，译. 北京：中国友谊出版公司，2019.

[二] 平克. 驱动力 [M]. 龚怡屏，译. 浙江：浙江人民出版社，2018.

术融合在一起、具有全新能力的个体。马克思在《政治经济学批判大纲》中指出，"每一单个人可以获知其他一切人的活动状况，并力求使本身的活动与之相适应"[一]。当数据成为生产要素、数字化成为生存方式时，个体与数字技术的融合也成为一种基本选项，并带来更高的生产效率。其原因有三：第一，数字技术为个体提供了众多信息平台，帮助个体拥有广泛信息，从而做出更有效的判断，更广泛地与他人对话和合作。第二，数字平台为个体提供了更多的选择机会以及与组织双向选择的可能性，因为数据带来信息透明，个体与组织之间更容易建立信任，动态选择与高效合作因此成为可能。第三，数字技术提供了各种工具、机制及协同工作平台，帮助个体更低成本地开展工作，协同增效。

以数字个体为主的新型互联网公司的雇员人数大大低于传统产业。根据《区块链革命》一书中的数据，美国制造业领域的雇员人数是数字技术产业的 4 倍，Google 拥有约 6 万名直属员工，Facebook 拥有 1.2 万名员工，而 1962 年的 AT&T 就拥有 56.4 万员工，Exxon 拥有 15 万名员工，通用汽车的员工数量则达到了 60.5 万。[二]中国企业的情况也大致如此。

现在，企业招聘人才时，拥有数字化知识与技能被放在更重要

　㊀　马克思 , 恩格斯 . 马克思恩格斯文集：第 8 卷 [M]. 中共中央马克思、恩格斯、列宁、斯大林著作编译局，译 . 北京：人民出版社，2009.
　㊁　唐塔普斯科特，塔普斯科特 . 区块链革命 [M]. 凯尔，孙铭，周沁园，译 . 北京：中信出版集团，2016.

的考量位置，对已有员工开展数字技术培训也成为企业的重要工作之一。为了加速员工和人工智能的合作，学习和应用未来所需的技能，埃森哲建议员工和企业在三个方面进行合作。首先是共同准备。企业与员工要提前沟通，重新想象工作，提出任务，充分利用现有的人才，弥补人才所需的新技能不足，同时借助人工智能来识别隐藏的人才。其次是提升能力。企业要为员工提供强化技能的资源。最后是共享价值。企业要在内部创造一种重视教育和终身学习的文化。

在数字个体方面，还需要特别关注数字技术对工作岗位的影响。世界经济论坛（World Economic Forum，WEF）发布的《2020 年未来就业报告》（*The Future of Jobs Report 2020*）指出，预计到 2025 年，人类和机器在当前工作任务上花费的时间将相等，机器可能会取代 8500 个工作岗位，同时也会创造不少于这一数量的与机器、智能相关的新岗位。⊖这意味着在数字个体这个新族群中，有一部分是机器人。

当个体成为数字个体时，很多人担心员工会产生"工具人"心态，当《商学院》杂志向我提出这个问题时，我的答案是并不需要太担心，"因为强个体对自身的价值是很清晰的，他不会让自己被动地接受组织的安排，也不会固化在一个角色上，更重要的是，他们有明确的自我认知"。而从组织管理的视角去看，组织可以通过设置多角色岗位，给工作者更多的成长机会和选择，使其更有效地发挥价值。

⊖　Word Economic Forum.The future of jobs report 2020 [EB/OL]. (2020-12-20). https://www3.weforum.org/docs/WEF-Future-of-Jobs-2020.pdf.

通过数字工作系统的赋能，工作者能够完成从个体到数字个体的转变，融合线上线下场景，创造更多的新价值。数字个体的思维模式也会彻底改变，不再强调"分工"，而以共生为理念。真正的数字个体是个体在全面理解数字技术、清晰认识价值目标后，从思维逻辑、认知视角到具体行动的全面数字化，拥有基于数字经济的共生思维和商业活动的系统视角，其一切行为都围绕着顾客价值创造。

要件四：数字领导力

对领导力的研究一直是组织管理的核心命题。通过对数字化转型的持续调研，我们也发现，一家企业能否顺利转型，领导者很关键。企业能否推动组织文化变革，能否建立起以顾客价值驱动为核心的价值体系，能否形成开放协作的组织系统，组织成员是否具备数字化能力，都与领导者是否愿意并有能力为此进行投入有关。观察成功企业也能看出，领导者的自我更新和自我学习是重要的内在驱动因素。

面对数字技术带来的变化和挑战，领导者的任务非常艰巨。领导者将自己视为"老板"的想法已经落伍，过去行之有效的领导方法也不再有效。要成为最有效能的领导者必须从一开始就把自己当成数字领导人，在利益相关者之间找到协同共生的可能性。在数字化时代，领导者的任务是通过数字技术平台，推动组织持续开放、协同和共生，形成新的组织系统，并获得组织内外的协同效率，为顾客创造更多新价值。

在数字技术的帮助下，组织的价值活动与工作者取得工作成效的方式都发生了变化。工作目标的执行由领导者对工作者进行过程管控，转向工作者之间的协同，以及工作者的自我管理。组织价值活动也转变为以顾客为中心，要求领导者从顾客价值出发，展开组织内外的协同工作，及时响应顾客的需求以做出决策，授权并信任团队成员开展价值创新活动，为组织成员提供有效的数据、技术和资源支持，以赋能他们取得成效。授权、赋能、激活、协同工作以及及时响应需求成了领导者工作的重要特征，这些特征可以概括为组织内与组织外的协同领导力，以及工作者的自我领导力，我将它们称为"数字领导力"。有关数字领导力的内容，我将在第 6 章进行详尽介绍。

由此可见，数字工作方式，是指通过建立数字工作系统，形成敏捷团队、赋能数字个体、升级数字领导力，以更高的效率为顾客创造价值，并由此获得企业的成效与结果。在这个过程中，每一位工作者都必须做出改变。我们深知，其真正的挑战并不是技术，而是组织成员的心智改变，以及重建组织运作机制的能力和行动。数字工作方式的核心是智能协同，让人更有价值、更有成效。

构建数字领导力

领导者要训练自己成为无我管理者、连接者，带领组织内外成员参与到企业价值活动中；领导者要保持开放、学习的心态，既要自我学习，也要带领组织成员开展组织学习，并通过引领组织学习，促进自己和伙伴的共同进步。

Digital Transformation
of the Organization

组织发展与变革一直是领导者应承担的责任，也是领导者首要面临的持久挑战。在长期研究与不断实践中，我一直力图与团队成员一起为组织找到领导力框架，并确保将领导力框架贯穿在组织成员的具体行动之中。在探讨组织数字化转型时，我同样试图找到数字领导力的框架。

理解数字领导力

"领导力"一词最早出现在 1821 年，这一概念自问世以来就广受关注，据不完全统计，亚马逊上关于领导力的书籍有 18 万多本，哈佛大学图书馆与领导力相关的索引有 170 多万条。我们都知道，领导者之所以重要，是因为他承担着三个重要职责：为组织成员指引方向，鼓舞人心，让整个组织产生能量；决定组织的高效运行，找到成功的方向；在组织遇到危机之时，带领组织摆脱危机，重振希望。我以这三个职责为出发点，带着大家一起去理解数字领导力的概念。

经典的领导技能依然至关重要

理解了领导者所承担的三个职责之后，我们会发现经典的领导技能依然至关重要。为了实现这三个职责，优秀的领导者需要持续做好以下三件事。

第一件事，设定愿景、传播愿景并实现愿景。领导者要为组织成员清晰地设定愿景并将其描述出来，帮助组织成员明晰组织发展的方向、组织将要成为的样子以及组织要创造的价值，并把愿景嵌入组织成员的认知与行动中，引领组织成员把愿景变成现实。

第二件事，建立信任，激励追随。领导的定义就是影响他人去做领导者要做的事情。领导发挥作用的过程，就是激励追随的过程。领导者要与组织成员建立相互信任，让组织成员有意愿并认为他值得去追随，这同样也是愿景认同的结果。激励组织成员实现组织的愿景，是领导者极为重要的工作。

第三件事，个人努力与授权合作。这是对领导者个人的要求。领导者要发挥示范作用，并为此持续地付出个人努力；领导者要有更高追求，愿意为实现组织愿景做出持续的价值贡献；同时，领导者还要学会授权，不能以自我为中心，要为组织成员匹配资源，鼓励组织成员彼此合作。

这三件事是经典领导职能发挥的作用，也是我们理解领导力框架的基础，包含三方面内容：第一，设立和传播愿景与方向，引领大家朝着共同的方向前行；第二，打造团队，团结整个组织的力量，实现组织目标；第三，领导者自我提升和持续进步。

当领导者置身于数字技术环境中时，会发现这三方面内容都面临巨大的挑战：数字技术带来的迭代甚至颠覆，导致更大范围的变革与转型；深度互联、共生命运共同体对企业愿景、发展方向带来持久而深远的影响；强个体价值创造带来了组织结构的改变，组织成员有着完全不同的特征；数字技术不断打破组织边界，流动性与动态性成为组织常态，并由此改变着个体与组织、组织与组织的关系。复杂性、多维性、不可预测性等交织在一起，人们越发需要领导者给予明确指引。但是，在这样的情形下，领导者本就会受到自身局限性的束缚，又被要求在"未知中求解"，这对他来说无疑是巨大的挑战。基于此，我决定用单独的一章来探讨数字领导力。

数字领导力的新内涵

数字化生存方式决定了企业协同共生的发展模式，要求领导者与组织内外部伙伴协同工作，创造顾客价值。为此，领导者既要为组织内成员，也要为组织外伙伴设定愿景，指明方向；领导者既要赋能组织内成员，也要赋能组织外伙伴，展开价值活动；同时，组织内外成员要一起主动创造价值，形成"领导者群体"。综上，我将

"组织内与组织外的协同领导力，以及工作者的自我领导力"确定为数字领导力的新内涵，并从四个方面进行说明。

第一方面，愿景与战略。领导者承担设定愿景、传播愿景并实现愿景的职责，为组织成员指明方向，确保组织成员沿着正确的方向、朝着预定的目标前行并取得成功。优秀的领导者把大部分时间都投入到领导力的两个方面："做出英明的决策，并且始终如一地执行决策"[⊖]。

在传统组织中，领导者为取得成效，将核心着力点聚焦在打造企业核心优势和领先业务模式上，而在数字化时代，核心着力点变了，因为决定企业能否实现未来愿景和战略的因素发生了变化。领导者必须有能力解读不同市场的未来趋势，理解与之相关联的因素，洞察技术带来的变化和可能性，敏锐地发现变化的价值与意义。领导者不但要能看到挑战、冲击、迭代和颠覆，而且要能主动看到未来的机会。所以，数字领导力的核心着力点是构建生态网络，为企业的愿景和战略提供新价值空间，协同和吸引一切可能的合作者，去创造属于自己的未来。史蒂夫·乔布斯（Steve Jobs）就是这样一个具有数字领导力的领袖，他致力于通过数字技术创新价值，构建广泛的生态价值网络；他为苹果公司设定了清晰的愿景与战略，重构了产业新愿景和发展方向，把顾客带入智能新世界。

第二方面，信任与协同。随着数字技术的广泛应用，企业的创

⊖ 高德威. 长期主义 [M]. 崔传刚，译. 北京：中信出版集团，2021.

造力越来越强大，连接范围越来越广泛，这意味着企业和组织成员都有了与以往完全不同的影响力和能力，也意味着领导者将会面对更大的挑战，因为他必须确保这些强大力量推动企业朝着清晰的愿景和正确的方向发展。所以，领导者要有能力建立更广泛的信任，让组织内外成员在达成共识的基础上展开更大范围的协同合作。这就是数字领导力的第二个内涵——信任与协同。

如何理解领导者所拥有的权力，对于建立信任和有效协同至关重要。我认同玛丽·福列特(Mary Follett)关于权力和领导者的结论，她认为"我们现在更认同个体的价值，管理成为更准确的功能定义，逐渐地，领导者被视为这样一个人，他有能力给群体带来活力，懂得如何激励创新，使每个人知道自己的任务"[⊖]。

在探讨这个话题时，我常常想到拿破仑，他在总结滑铁卢战役惨败的教训时曾经感叹："我已经很久没和士兵一起喝汤了。"领导者能真正意识到组织成员的价值，与组织成员建立信任并一起工作，通过信任和协同让组织成员成为其坚定的追随者，毫不犹豫地投身到价值创造活动中，这才是数字领导力的价值内涵。

第三方面，授权与赋能。经典领导力强调命令与管控，数字领导力强调授权与赋能，领导者与组织成员之间是一种伙伴关系。通过数字技术，领导者能更有效地赋能组织成员，为组织成员提供有

⊖　福列特.福列特论管理[M].吴晓波，郭京京，詹也，译.北京：机械工业出版社，2013.

效的数据、技术和资源支持，以赋能他们取得成效。授权、赋能、激活、协同工作以及及时响应需求成了领导者工作的重要特征。

数字化组织与数字个体所具有的能力，远远超出传统组织和个体，也远远超出他们自己的想象。因此，通过授权和赋能激活组织与个体，释放能量，是数字领导力的第三个内涵。

通过授权与赋能，领导者建立起柔性、敏捷合作的工作方式，更好地帮助组织成员开展工作，这既有利于组织创新，也有利于激发个体积极性。通过授权与赋能，领导者还可以为个体提供更多的自主性、流动性以及更灵活的组织空间，充分满足组织成员的兴趣以及对挑战性的追求，从而创造更多价值。小米就是这样一家公司，真正驱动其成长的力量是小米从谷歌、微软等优秀企业吸引来的个体。他们之所以愿意加盟小米，最主要的原因就是他们能在小米获得自我价值释放的新机会。

第四方面，自我与无我。 这是对领导者个人提出的新要求。最成功的数字化领导者首先要做到"自我管理"，即保持开放和好奇的态度，高度自律并广泛学习；其次要做到"无我管理"，即与组织成员建立伙伴关系，在为其提供支持时要以组织成员为中心，而不要以领导者自我为中心。自我管理与无我管理是数字领导力的第四个内涵。

自我管理与无我管理要求领导者努力自我转变和自我超越。萨提亚·纳德拉出任微软首席执行官时，对自己和微软的组织成员提出了全新的变革路径——带领微软进入"云时代",为此他认为微软需要进行彻底的"刷新"。他告诉同事们,任何组织和个人在达到某个临界点时都需要自我刷新。为了迎接数字技术的挑战,他提出了刷新微软的三个关键步骤:拥抱同理心,培养"无所不学"的求知欲,以及建立成长型思维。在我看来,这三个关键步骤恰恰是对今天领导者的要求。

最后,我对经典领导力与数字领导力的重要特征进行了比较(见表 6-1),以方便大家理解它们之间的差异性。

表 6-1　经典领导力与数字领导力的重要特征比较

重要特征	经典领导力	数字领导力
愿景与战略	设定方向与执行	构建生态与创新价值空间
组织高效运行	分工与明确权责	信任与协同
摆脱危机	命令与管控	授权与赋能
领导者	个人权威与魅力	自我管理与无我管理

更新思维方式

组织数字化转型一定会涉及组织文化变革,领导者所承担的职责决定了他必须构建和推动组织文化变革。文化的基本特征是思维方式,所以,接下来我们来探讨数字领导力的思维方式转变。

沿着旧地图,找不到新大陆,是越来越多人的共同感受。数字技术源源不断地涌现、创新,推动世界向纵深发展,也将人们带入一个新时代。在不久的未来，我们甚至可以按照个人意愿去重新设计自己。

在全新的世界里，一切都将发生改变，用查尔斯·汉迪的话来说就是："人们可以自己决定是与非，区分上帝和魔鬼。其结果是教会丧失了权威，大多数组织的权威也会随之瓦解。"⊖这意味着我们需要以一种全新的认知与思维方式来理解世界。就如 500 多年前古登堡印刷术的发明将欧洲带入新时代一样，新思维方式与技术革命融合在一起，也将改变世界的发展进程。

如同文艺复兴时期一样，数字化时代是一个激动人心的时代。对那些能够理解数字技术、数字化生存方式的人来说，这是一个巨大的历史机遇；对那些还停留在工业时代、固守着自己的经验和认知的人来说，这是一个巨大的威胁，令人焦虑不安。

事实上，一切都在发生变化，我们曾经耳熟能详的概念，如控制、资源、权威、等级等似乎正在被世界淘汰，而赋能、连接、生态、共生等概念越发显现出其价值。有趣的是，无论年龄大小，人们都在追求"年轻化"，这甚至成为一种基本趋势，现在职场中开始讨论"35 岁现象"，而在过去讨论最多的是"59 岁现象"。这些变化同样驱动人们更新自己的认知体系和思维方式。

组织数字化转型能帮助企业在新世界中获得生存及发展，领导

⊖　汉迪.拥抱不确定性：新经济时代的商业法则 [M].李国宏，译.北京：机械工业出版社，2020.

者需要带领组织成员实现这一目标，因此在这个新世界里，领导者自身的思维方式的更新显得尤为重要。

思维方式是人们看待事物的角度、方式和方法，不同的思维方式使人们做出不同的行为选择，因此，人们常说思维决定命运。微软云（Microsoft Cloud）的一则广告给我留下了很深的印象，在广告中，说唱歌手康芒（Common）对观众说："我们生活在移动技术的世界，但是移动的并不是设备，移动的是你。"微软推出这个广告，意味着它意识到自己已经落后于新时代，并开始转变组织整体思维方式。在微软看来，虽然它拥有移动技术，但是因为整个组织的思维还停留在 PC 时代，所以微软错失了移动时代。痛定思痛，微软决定改变自己的思维方式，把自己"移动"起来，迈入"云时代"。正是因为思维方式有了彻底转变，微软迎来了全新的价值时代。

思维方式与文化密切相关，文化的基本特征就表现为思维方式。从文化分析的价值指标来看，不同的思维方式会导致完全不同的判断和行为选择（见表 6-2）。

表 6-2   不同的思维方式对判断和行为选择的影响

价值指标	判断和行为选择差异		
自然观	屈服	和谐	胜天
时间观	过去	现在	未来
人性	善	复杂	恶
行动	无为	适量	有为
责任	个人	团体	等级
空间	私人	混合	公开

所以，在不同的文化背景下，人们形成的思维方式完全不同。我们分三个阶段来分析思维方式的不同特点，并介绍数字领导力的思维方式。

中国传统文化下的思维方式

中国传统文化源远流长、博大精深，几千年的文化发展使中华民族形成了独有的思维方式。由于观察的角度不同，学者们对传统思维的认识不尽相同，我借用上述文化分析框架以及对学者们认识的理解，将中国传统文化下的思维方式总结为四种：辩证思维（中和思维）、直觉思维、宏观思维和过去未来时思维。

辩证思维是一种世界观，它强调世间万物是互相联系、互相影响的，通常被认为是与逻辑思维相对立的一种思维方式。在逻辑思维中，事物一般是"非此即彼""非真即假"的，而在辩证思维中，事物可以在同一时间里"亦此亦彼""亦真亦假"。在希腊和中国，辩证思维都有着悠久的历史。

辩证思维的实质是按照唯物辩证法的原则，在联系和发展中把握认识对象，在对立统一中认识事物，它要求人们以动态发展的眼光观察和分析问题，其主要观点是：事物是普遍联系、发展变化和对立统一的。

在辩证思维中我要特别强调一种独特的思维方式——中和思维，它在儒家文化的影响下发展而成。中和思维发端于《周易》，"中和"

一词最早出现在《礼记·中庸》中。在中国哲学中，中和、阴阳平衡是根本规律，中和思维是指认识和解决问题所采取的不偏不倚、执中适度的思维方式。中和思维既反映了辩证思维的共性，又集中体现了中华民族思维方式的特殊性。

直觉思维是中国传统文化下的思维的重要形式之一，是一种在直观与体悟的基础上把握事物的思维方式，是指对一个问题未经逐步分析，仅依据内因的感知迅速做出判断，猜想、设想，或者在对疑难百思不得其解时突然对问题有"灵感"和"顿悟"，甚至对未来事物的结果有"预感""预言"。直觉思维具有自由性、灵活性、自发性、偶然性、不可靠性等特点。

宏观思维是指突破、超越所观察或面对的事物本身，从更大的时空范围去展开思考和选择，从全局考虑问题，而不只看局部或者个体。所以，宏观思维也被认为是整体的、全局的、历史的思维。

过去未来时思维是对时间价值的一种判断和选择。这种思维方式注重历史和经验的意义，同时关注未来的可能性。拥有过去未来时思维的人，一方面对已取得的成绩念念不忘，习惯性地把已被证明成功的经验作为广泛运用的方法，固守过去的成功；另一方面憧憬未来，把希望寄托在未来，怀着"明日复明日，明日何其多"的心态，却不知这有可能会使自己陷入"万事成蹉跎"的困境。这种思维方式会使人处于静态固化的状态中。

现代化进程中的思维方式

19 世纪 40 年代，洋务运动开启了中国的近现代化进程，经济、科技、文化、人才教育等领域都开始引入西方的现代技术。当基于西方文化的现代化潮流强制性地涌入中国时，中西方文化发生了剧烈碰撞，在中华传统文化能否救亡图存的质疑声中，中国踏入了现代化的发展轨道。从鸦片战争到"师夷长技以制夷"的洋务行动，到五四运动，到新中国成立，再到改革开放，中国现代化进程的发展推动中国获得了各个领域的长足进步，也帮助中国在与世界的对话中找到了属于自己的发展模式，构建了现代化进程中新的思维方式：系统思维、理性思维、微观思维和现在时思维。

系统思维是指以系统论为基本思维模式的思维方式。系统是由两个或两个以上的元素相结合组成的有机整体，系统思维把与结果相关的一系列问题作为一个整体系统进行研究并做出选择。系统思维具有整体性、结构性、立体性、动态性、综合性等特点。

整体性强调整体与部分密不可分，把研究对象放在系统之中加以考察和把握，系统的整体不等于局部的简单相加。结构性强调从系统的结构去认识系统的整体功能，有什么样的结构就有什么样的功能。立体性是指作为一个独立的系统，它的发展是纵向的；作为一个子系统，它与其他子系统之间的联系是横向的，因此需要理解纵横之间的有机耦合。动态性是指系统内部诸要素之间的联系，以及系统与外部要素之间的联系都不是静态的，都会随时间不断变化。

综合性则是指系统从"整体等于部分之和"上升到"整体大于部分之和"的综合概念。

理性思维是一种建立在证据和逻辑推理基础上的思维方式，探究的是未知世界的本质和规律，是理性思考的逻辑表达形式。简单地说，我们受到的教育训练，通常可以理解为是理性思维的训练，包括概念、判断和推理。概念是人们对事物本质属性的归纳和总结；判断是对思维对象是否存在、是否具有某种属性，以及事物之间是否具有某种关系的认知结果；推理是从已知判断推导出新判断。理性思维也可以理解为科学精神，它的客观性、确定性、可检验性、可重复性、合逻辑性等是科学家从事科学研究的基本准则。

微观思维是相对宏观思维而言的，它强调立足于事物本身，面向事物内部深处进行认识与开拓，其任务是分解事物对象，弄清事物的结构、功能、特性、联系及因果关系。微观思维对于解析事物、洞察事物以及发现未知极为重要，其主要特点是精确性、严谨性、探索性。向微观世界的探索不断拓展着我们的认知边界，这种探索越是深入内部，越趋向于精确，越需要人们有细致严谨的工作作风、科学的态度和探索精神。

现在时思维指的是，立足于现在，才能从变化发展的角度动态地看待事物。这种思维方式认为事物处于不断运动、变化和发展之中，人们要面对现实，从现在出发，从自我出发，从客观出发，根据事物变化的可能性、随机性做出有效的选择，在变与不变之中，找到达成目标的方向。现在时思维方式的特点是面对现实，脚踏实地，动态适应并解决问题。

数字化生存下的思维方式

在数字化新世界，新技术、新场景、新产品、新挑战、新问题、新危机以及更多的未知不断涌现出来，人们应接不暇，急需找到新的思维方式。在我看来，数字化生存下的思维方式是生态思维、创新思维、共生思维和当下思维。

生态思维是一种哲学价值取向的思维方式，表现为人们自觉审视、积极思考人与自然界特别是生态环境之间的复杂关系，追求人和生态环境的协同进化、和谐发展。生态思维特别注重利益相关者的整体利益，把人看作自然界的有机组成部分，认为组织也是社会器官，是大自然的一部分。生态思维的主要特点是相关依存性、整体性、开放性和多元性。用生态思维来看，利益相关者之间的和谐发展是关键，通过有机协同、开放交流、多元存在而组合成整体。

创新思维是指不受已有条件的约束，寻找新的、独特的问题解决方法的思维方式。关于创新思维有很多定义，但其本质都在于用新的角度、新的思考方法来解决现有的问题。在英文中，Innovation（创新）一词起源于拉丁语，有三层含义：更新，创造新的东西，改变。所以，创新思维可以理解为对常规思维的突破甚至颠覆，是以超常规或者反常规的方法、视角去思考问题，提出与众不同的解决方案。

创新思维是人类创造力的核心，是人类思维活动中最积极、最活跃、最富有成果的一种思维形式，其主要特点是打破常规、尽情想象、敏锐洞察、努力创造机会，以及将思考转化为实际解决方案并求得结果。

共生思维是指关注共同利益，形成命运共同体的思维方式。随着科学技术的深入发展，人类对未知世界充满敬畏，深切感受到彼此利益密切相连、命运息息相关，越来越认同"共生是自然进化的机理，通过共生，世界才可以保持事物的多样性，通过多样性的个体之间复杂多维的交互协同作用，不断创生新物种，世界才得以不断发展与进化"[⊖]。

共生思维有四个主要特点：互为主体性、整体多利性、利他协同性以及生长性。在共生思维方式中，利益相关者超越了主客体关系，是互为主体的关系，因此才能形成真正的命运共同体。共生关系有四种不同的形态——互利共生、偏利共生、偏害共生以及吞噬替代[⊖]，共生思维强调整体多利的互利共生形态。而形成互利共生形态，需要各主体自我约束、利他协同。共生思维尊重每个主体的存在，满足多样性和多元化并存的需求，致力于共同生长的空间发展，所以生长性是共生思维最核心的特征。

⊖ 陈春花，朱丽，刘超，等. 协同共生论：组织进化与实践创新 [M]. 北京：机械工业出版社，2021.

⊖ 陈春花，梅亮. 人机共生：组织新生态 [J]. 哈佛商业评论（中文版），2019（9）：112-120.

当下思维是数字化带来的新世界所具有的独特思维方式，也可以说是对数字化本质特征的一种理解。人们以"数字孪生"来表现这个新世界的独特性。这个新世界是一个用各种数字技术创造出来的新世界，在这个新世界里，时间不再是一维的，变化速度和发展规模超乎工业时代的想象。基于算法和数据实时赋能，过去和未来被压缩在当下，人们不再受限于过去传统的经验，而是在理解变化以及变化的加速度带来的全新可能性的过程中确定自身的意义和价值。当下思维以体验为核心，通过数字技术（如算法、数据）的赋能，重新定义产业和企业，并赋予其全新的意义。

需要强调的是，对思维方式的探讨是一个不断深化的过程。因为背景和能力不同、受到的训练不同，每个人得出的结论也是不同的。在这一部分，每个人都应独立做出判断，我只能给出自己的理解，并对这些理解进行梳理、总结（见表 6-3），供大家参考并得出自己的答案。

表 6-3　不同文化背景下的思维方式

中国传统文化下的思维方式	现代化进程中的思维方式	数字化生存下的思维方式
辩证思维	系统思维	生态思维
直觉思维	理性思维	创新思维
宏观思维	微观思维	共生思维
过去未来时思维	现在时思维	当下思维

开发思维方式是极为重要的训练，因为思维决定行为选择。不断提升自己的思维能力，获得与变化相匹配的思维方式，是领导者自我成长的关键之一。

领导者的新角色

我在 2017 年出版的《激活组织》一书中提出，领导者的新角色是"布道者、设计者和伙伴"[⊖]。通过过去 5 年对企业持续的跟踪研究，特别是对数字化转型领先企业的近距离观察，我发现，这三个新角色越发凸显其作用和价值。下面我们来具体谈谈，在组织数字化转型中如何发挥这三种角色的作用。

理念共识

组织数字化转型势必带来理念和价值观的冲击，"在理念和价值观处在变化中的情形下，更需要通过一种能让大多数成员信服、认同，甚至崇信、崇拜的精神理念来组织成员的共同精神体系，领导者需要通过这种过程来获得组织的凝聚力"[⊖]。实现这个过程的方式就是"布道"，通过"布道"，领导者才能在企业中植入变革与创新的基因，才能获得组织成员的认同，形成共识并共同推动变革与进步。

数字化生存要求每个人都放弃原有优势，超越自我，开放、协同、共生、合作，创造全新价值，这需要人们从内心深处做出改变，多做尝试并包容错误。正如我们所调研的一家企业的 CEO 所言："数字化不只是一家企业的责任，它涉及企业内外甚至社会层面的所有

⊖⊖ 陈春花.激活组织：从个体价值到集合智慧 [M].北京：机械工业出版社，2017.

利益相关者。它影响着我们的整个组织，从企业内部到企业外部，从上到下。我需要以更大的包容心和同理心去感受数字化给大家带来的焦虑，然后给大家以确定性，并和大家共同探讨解决方案，与大家一起，相信数字化会带来哪些好处，并让这一目标实现。"

领导者的确需要激励组织内外成员，帮助人们接受数字化带来的变化，并明确给出价值判断和基本假设。确切地说，领导者通过"布道"凝聚大家的共识，明确企业的发展方向与价值取舍，引领员工、组织、利益相关者做出改变，最终构建起具有共同价值追求的协同共生网络。乔布斯、马斯克、贝佐斯、任正非都是典型的"布道"变革式领导者，他们唤醒人们对未来的信念，凝聚人们的共识，并由此带来新的产业革命、新的商业进化。

意义呈现

领导者不仅是"布道者"，还是"设计者"，这指的是"领导者不仅要有战略洞察力、理解消费者与人性需求的能力，同时还要能够把这一切转化为商业模式、产品以及组织制度。因此，作为'设计者'的领导者，需要设计商业模式、产品和组织制度。换句话说，'设计'这个词的对象，不仅包括产品，而且包括整个公司的价值理念。它包括公司所能够提供的体验的各个方面，无论是有形的还是无形的"[⊖]。这个新角色所涵盖的两部分内容，在组织数字化转型中

⊖ 陈春花.激活组织：从个体价值到集合智慧 [M]. 北京：机械工业出版社，2017.

体现为重新定义企业和行业的价值、重构组织与人的价值。

重新定义企业和行业的价值，要求领导者探索和理解数字技术的创新能力，挑战传统模式和方法，打破固有的成功经验，投入资源去建造与数字技术相融合的产品、商业模式和组织形式；要求领导者带领组织成员，借助数字技术更透彻地理解客户、理解外部环境的变化，更直接地与产业伙伴或者生态伙伴一起进行新模式的探索和构建，形成数字战略与数字业务的新格局。

重构组织与人的价值，要求领导者认识到在数字化时代，人与组织的关系发生了变化，影响组织绩效的因素发生了变化，组织的边界也发生了变化。不确定性成为常态，这需要领导者构建有利于人与组织共生发展、组织内外共生发展的新组织形式，构建用利他向善的理念推动社会进步的发展机制，为组织设立使命、愿景和文化，让企业成为更具灵魂的组织系统。

信任共生

领导者必须是组织成员的伙伴，要"在管理者与管理者、管理者与员工、员工与员工之间建立和保持一种可信任、可亲近、可包容、坦率而不伤及他人内心的工作关系"[1]，即伙伴关系。在数字化生存背景下，领导者更需要认识到，任何人、任何组织都无法独立发展，无法独揽全部技术和解决方案，无法独立创造价值，企业必须

---

[1] 陈春花 . 激活组织：从个体价值到集合智慧 [M]. 北京：机械工业出版社，2017.

联合员工、顾客、投资人、产业链合作伙伴和其他利益相关者，甚至可能是跨界者、政府相关部门。所以，领导者要找到共生的路径，通过激活-赋能式组织管理模式，开放授权并建立信任。

领导者要训练自己成为无我管理者、连接者，带领组织内外成员参与到企业价值活动中；领导者要保持开放、学习的心态，既要自我学习，也要带领组织成员开展组织学习，并通过引领组织学习，促进自己和伙伴的共同进步。

构建数字领导力是组织数字化转型的一个关键环节，领导者要充分认识到，让每个人都展现出最优秀的一面，是领导力的要义，也是数字领导力的要义。

Digital Transformation
of the Organization

第 7 章

组织数字化转型的三维空间[○]

为适应价值新空间中价值流动的变化，企业必须围绕顾客价值构建数字化生态结构、数字化组织结构以及数字化业务结构，优化自身的数字化运营活动、数字化业务活动和数字化产业活动，进而优化顾客价值的流动方向与效率，从而更好地创造顾客价值。

Digital Transformation
of the Organization

○ 这部分的主要内容来自陈春花，钟皓.新管理架构：顾客价值三维空间 [J].哈佛商业评论 (中文版)，2022 (2)：128-133.

组织数字化转型，贯穿其始终的是企业价值活动的重塑，即围绕顾客价值开展商业活动并构建新管理结构，形成三维的顾客价值空间。这也是组织数字化转型的三维空间，更是组织数字化转型的底层逻辑，这三个空间分别是业务-顾客维度价值空间、运营-组织维度价值空间、产业-伙伴维度价值空间。

顾客价值创造与实现场景

数字技术通过改变顾客价值创造的实现场景与体验，改变了产品和服务在商业活动中的作用。企业的顾客认知也因此从基于自身产品和服务的视角，转向基于商业价值活动的视角，重新理解已经率先完成数字化转型的顾客所需要的价值体验，重新理解顾客价值创造与实现的过程，更新自身的管理结构与商业活动要素。

比如，数字技术帮助数字化企业构建了连接房屋所有者、房屋租赁者与相关服务提供者的生态，打造了出行服务提供者与出行者的匹配机制，建设了本地生活评价与分享平台，使消费者的居住方式、出行方式与生活方式都发生了巨大的变化。这些新的顾客价值实现方式，使企业不再是提供顾客价值的唯一载体，而是企业与产业伙伴、顾客一起在多个顾客价值连接节点上共同创造价值。

这些改变需要我们认识到一个事实：顾客通过数字化商业活动实现价值追求的诉求，可能与企业数字化转型的方向背道而驰。因此，很多企业的数字化转型并非没有成效，而是顾客对价值的理解已经超越了企业的想象。

传统企业试图通过数字化转型迭代原有顾客价值的创造过程，但顾客却无法因此体验到新价值。导致这一现实困境的原因是，大部分传统企业在数字化转型过程中关注的依然是自己的产品和服务，依然认为自己的产品和服务是顾客价值的唯一载体，它们努力改进这一载体，却忽视了顾客自身已经完成了数字化转型，以及他们需要的是全新的数字化价值体验。

这是真正令人担心的地方，由此引发我们去思考：影响企业创造与实现数字化顾客价值的关键因素是什么？企业数字化转型的方向应该是什么？这不仅关系到企业对数字技术的探索与应用，更关系到数字化顾客的价值体验与实现。为了回答这些问题，我们以商业活动为核心，分析了工业时代与数字化时代商业活动与管理结构的差异，特别是商业活动的参与角色、目的、方式、工具、对象、范围之间的差异。最终，我们找到了一个有效的解决方案——组织数字化转型的三维空间。

需要特别强调的是，数字技术改变了顾客的价值观念。对商业活动的分析，需要从顾客价值观念开始，因为不同的顾客价值观念会带来不同的商业活动设计，以及与之配套的管理结构。

在工业时代，企业与顾客受限于技术的发展速度与应用水平，顾客价值创造与实现之间存在着需求与生产的时间障碍、交易与物流的空间障碍、沟通与协调的互动障碍。在三大障碍的影响下，实现顾客价值的途径，只能是获取更高性价比的产品和服务。为此，顾客牺牲对个性化价值的追求，根据企业价值创造的结果获得相对标准化的顾客价值。因此，传统顾客价值观念认为产品和服务是商业活动中顾客价值的唯一载体，企业不仅控制了顾客价值的创造活动，还对顾客价值的实现活动有重要影响，并主导所有商业活动。

传统顾客价值观念的典型代表是工业时代的制造企业。这一时期的制造企业，遵循以更低的成本满足更多顾客需求的商业逻辑，以标准化生产、广泛广告覆盖的商业活动为核心，以管控顾客价值创造与说服顾客接受为目的。企业的管理结构也是为了匹配这种商业逻辑而构建的，以提高商业活动效率为核心。

在数字化时代，顾客不再满足于获得标准化的顾客价值，更渴望实现自己的个性化追求。尤其是数字化顾客，从只重视产品、服务质量与使用场景，转向追求独特价值体验。他们不再被动地接收企业主导的产品和服务，而是通过选择个性化产品和服务、社交网络交互、自发组建互动社群等一系列行为，主动参与创造商业活动中的独特顾客价值体验。这不仅改变了企业主导的价值实现活动，也影响了企业控制的价值活动过程。而数字技术的快速发展与深度应用，如柔性化生产与小批量高返单的落地、网上交易（数字支付、交易平台等）的实现、物流与仓储网络的完善、即时通信技术的推广等，使实现个性化顾客价值的成本不断下降。

顾客行为的变化颠覆了传统顾客价值观念，商业活动的核心角色由企业转变为顾客，在此过程中，由产品和服务所连接的价值创造活动与实现活动，因数字化顾客价值体验的影响而变得模糊。

作为具有数字化顾客价值观念的典型代表，新兴的互联网企业或数字企业，面对的是数字化顾客，遵循以独特体验场景满足多样化顾客需求的商业逻辑，以有意义的商业活动为核心，赋能各商业活动参与者，与他们协同创造和实现数字化顾客价值。企业的管理结构也根据商业逻辑进行了改进。

在数字化时代，顾客的价值观念发生了巨大的改变，企业如果想跟上顾客的变化，就要围绕顾客变化重新设计商业活动和管理结构。传统企业之所以跟不上顾客的变化，就是因为受到了已有的商业结构与管理结构的限制。

新三维空间

顾客价值观念的改变带来了商业活动核心角色的变化，原有商业活动的边界由此改变，商业活动范围的改变又对企业的管理结构提出了新要求。

探讨企业商业活动离不开迈克尔·波特的"价值链分析法"。"借助迈克尔·波特的价值链分析法，能够有效地帮助我们快速理解商业活动与组织管理系统（见图 7-1）。波特的价值链分析法，以企业为主体视角，通过企业的主要价值活动分析，获得企业竞争优势的主价值链以及价值支撑活动的分布，从而确定企业围绕着价值活动的组织管理系统。"⊖

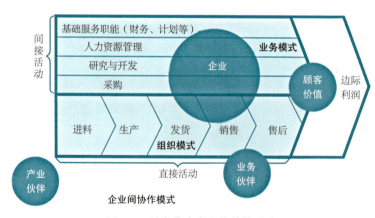

图 7-1   以企业为中心的价值活动

资料来源：陈春花，钟皓.数字化生存与管理价值重构（六） 数字化转型的关键：智能协同 [J].企业管理，2020（11）：102-104.

⊖ 陈春花，钟皓.数字化转型的关键：构建智能协同工作方式[J].清华管理评论，2020
（10）：44-49.

在工业时代，企业通过基本活动为顾客创造价值，企业的核心竞争力也体现在基本活动之中。想要获得竞争优势，就要提升基本活动的能力和水平。支持性活动要为基本活动服务，支持性活动的专业性、效率和成本管控能力要通过基本活动间接为顾客提供价值。我们通常所说的"后台为前台服务"，根据的就是波特价值链分析法关于企业价值活动的界定，而在工业时代的组织管理结构中，前后台高效协同是关键。

与工业时代不同，作为数字化时代的通用技术，数字技术创造了场景互联性、数据贯通性、价值互动性，形成了一系列联动效应，构建了完全不同的价值活动。

首先，场景互联性帮助顾客突破了被动接受企业提供的产品或者服务的局面，使顾客有机会参与到价值规划、价值产生的过程中；改变了企业的上下游关系，重构了产业本身的价值空间。

其次，数据贯通性使企业与顾客、产业伙伴、业务伙伴之间形成新的关系，不再是主导与被主导的关系，而是基于底层数据的分析与应用，就顾客价值达成了共识。数据贯通让本不相关的产业获得了连接价值，使企业获得了更加广泛的价值洞察和更多的机会。

最后，价值互动性基于顾客价值的共识，使顾客价值的流动方向从固化单向转为灵活多向，即通过融合不同场景下的用户关系和数字资产，打造一个更低成本的价值体系，帮助顾客获得更多的权益，拥有更好的体验。

　　数字技术赋能企业全价值链的价值活动，价值不再仅仅由企业的基本活动创造，企业的支持性活动以及企业外部的产业伙伴或生态伙伴的活动也能触达顾客，为顾客创造价值。此时，企业价值活动不再是前后台的二维关系。围绕着为顾客创造价值这一中心，企业连接业务伙伴和产业伙伴，构建出全价值链的三维空间，即顾客价值产生空间、顾客价值交付空间和顾客价值规划空间（见图7-2）。

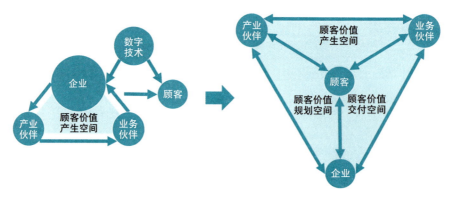

图 7-2　顾客价值三维空间的新架构

　　按照新的认知框架，顾客价值三维空间包含三个结构：数字化业务结构、数字化组织结构和数字化生态结构。数字化业务结构一方面连接业务和产业两种价值活动，另一方面连接业务和运营两种价值活动，为顾客价值创造产生空间。数字化组织结构一方面连接运营与业务两种价值活动，另一方面连接运营和产业两种价值活动，为顾客价值创造交付空间。数字化生态结构一方面连接产业和业务两种价值活动，另一方面连接产业和运营两种价值活动，为顾客价值创造规划空间。

基于与顾客、产业伙伴和业务伙伴达成的顾客价值共识，企业还通过这三个维度的结构来规划各主体之间的商业活动。具体而言，数字化业务结构实现顾客价值产生空间中业务伙伴与产业伙伴的商业活动，数字化组织结构实现顾客价值交付空间中业务伙伴与企业自身的商业活动，数字化生态结构实现顾客价值规划空间中企业与产业伙伴的商业活动。

由此，企业得以优化自身的数字化运营活动、数字化业务活动和数字化产业活动，进而优化顾客价值的流动方向与效率，从而更好地创造顾客价值。

顾客价值的三维空间，决定了组织数字化转型的三维空间：业务-顾客维度价值空间、运营-组织维度价值空间、产业-伙伴维度价值空间（见图 7-3）。

在数字化商业活动管理系统的认知框架中，核心角色是顾客，企业需要围绕顾客重构其管理结构，以便更好地协同业务伙伴与产业伙伴，最终创造与实现数字化顾客价值。这意味着商业活动的参与目的、角色、工具、对象、方式与适用范围都发生了变化（见表 7-1）。

首先，在工业时代，企业主导了业务活动。业务活动的目的是实现企业利润最大化，企业更主要的是承担利润收割者的角色。企业利用交易系统，在行业既定的范围内与顾客以简单交易的方式完成业务活动。

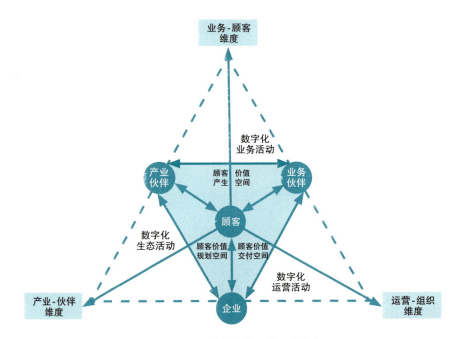

图 7-3　组织数字化转型的三维空间

表 7-1　工业时代与数字化时代的商业活动要素对比

要素	工业时代			数字化时代		
	业务活动	运营活动	产业活动	业务活动	运营活动	产业活动
目的	利润最大化	单位效率	企业优势	价值最大化	系统效率	生态优势
角色	利润收割者	任务交付者	利益代表	价值引领者	价值合作者	生态伙伴
工具	交易系统	任务系统	管控系统	交互系统	协同系统	赋能系统
对象	交易双方	任务双方	行业上下游	互动参与者	协同参与者	生态参与者
方式	交易	命令与交付	竞合	互动	协同	共生
适用范围	行业内	任务范围内	单一价值链	顾客所需	价值所需	复合价值网

在数字化时代，数字化顾客成为数字化业务活动的核心。数字

化业务活动的目的转为顾客价值最大化，企业主要承担价值引领者的角色。在数字化业务活动中，企业与顾客共建交互体验系统，将所有数字化业务活动的参与者纳入其中，为顾客提供独特的价值体验，这正是组织新三维空间中的第一个构成部分——"业务-顾客维度的价值空间"。

其次，在工业时代，企业控制了运营活动。运营活动的目的是机械整合与提升单个工作单元的工作效率，使之达到规划的目标，运营活动的参与者被动承担工作任务交付者的角色。企业构建任务系统，在固定的任务范围内管理工作单元，完成运营活动。

在数字化时代，数字化个体成为数字化运营活动的核心。数字化运营活动的目的是数字化个体协同效率最大化，数字化个体不仅来自企业内部，还有商业生态中的其他成员，他们承担价值合作者的角色。在数字化运营活动中，企业与合作伙伴共建智能协同系统，将数字化运营活动的参与者纳入其中，发挥他们的创造力，使他们为顾客价值的创造和实现而努力，因此，"运营-组织维度的价值空间"成为组织新三维空间的第二个构成部分。

最后，在工业时代，企业自行决定参与以单一行业价值链为基础的产业活动。产业活动的目的是提升单体企业的优势，企业主要承担自身利益代表的角色。因此，在产业活动中，企业更多的是根据自身要求，通过对其他产业对象进行管控或者竞合的方式来提升自身优势。

在数字化时代，为满足数字化顾客的多样化需求，企业不得不加入由数字技术赋能的多元产业价值网络，成为数字化产业活动的参与者。数字化产业活动的目的是提升商业生态整体优势，数字化产业活动参与者承担着商业生态伙伴的角色。在数字化产业活动中，企业与同处于产业价值网络的伙伴，通过跨行业的数字化协同工具相互赋能，构建复合价值网，最终提升整体生态优势，所以，"产业-伙伴维度的价值空间"成为组织新三维空间的第三个构成部分。

我们可以用"数字穿透"来描述数字化转型后的组织新三维价值空间。简而言之，"数字穿透"让组织获得更大的价值空间，企业由单一产品或服务所创造的价值空间，转变为企业、顾客、产业伙伴共创的三维价值空间。组织数字化转型的过程，也是组织拥有"数字穿透"能力的过程，即以数字技术支撑新价值空间，为顾客创造价值的过程。组织的"数字穿透"能力帮助组织内外成员产生协同效应，赋能员工触达顾客，协同共生伙伴参与到顾客价值创造活动中。"数字穿透"让组织不再分前台、后台，组织在三维价值空间里形成整体系统效率，这也是组织数字化转型带来的关键效用。

海尔的实践

我们以海尔为例来说明如何通过三维价值空间实现组织数字化转型。海尔是数字化时代的代表性企业，其实践探索可以给那些准备进行数字化转型，或正处在数字化转型过程中的企业带来一些启示。

张瑞敏认为"产品将被场景替代，行业将被生态覆盖"，这充分反映了海尔已深度理解顾客价值载体、顾客价值创造与实现方式的变化。海尔选择以生态系统的方式创造与实现顾客价值，具体而言，是通过由小微企业围绕着顾客价值自发组成的生态链群，为顾客提供场景生态价值。

通过观察海尔的生态链群，我们深入理解了其围绕顾客所展开的数字化业务活动、数字化运营活动与数字化产业活动，以及随之构建的商业结构、组织结构和生态结构（见图 7-4）。与之对应的是数字化转型的三维空间：业务-顾客维度的价值空间、运营-组织维度的价值空间、产业-伙伴维度的价值空间。

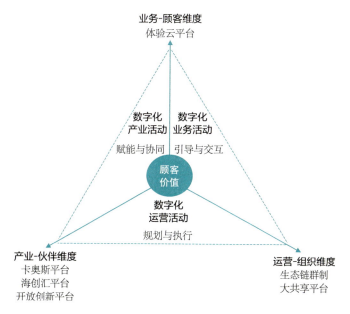

图 7-4　海尔数字化转型的三个维度

海尔业务 - 顾客维度的价值空间

在数字化业务活动中，为了使顾客价值最大化，海尔让主要负责与顾客直接交互的体验链群承担顾客价值引领者的角色，并通过海尔智家体验云平台上的"需求宝"与顾客进行交互。体验链群中的小微能根据不同场景中顾客的偏好与特点，对其需求进行捕捉、集成与分析，并快速甄别有价值的需求。因此，借助"需求宝"和体验云平台，海尔能有效整合顾客的各种痛点，并通过分析给出更清晰的产品定位。在此基础上，体验链群就能协同研发、制造小微等创单链群一同提供数字化顾客价值体验。

海尔产业 - 伙伴维度的价值空间

在数字化产业活动中，为了充分发挥生态优势，海尔建立了卡奥斯平台（COSMOPlat）、海创汇平台与开放创新平台（HOPE）三大赋能平台，在产业、创新和生态资源方面对体验链群与创单链群进行充分赋能。在此基础上，创单链群中的设计、采购、制造等小微，可以基于与体验链群达成的顾客价值共识，更高效地设计产品与解决方案并产生顾客价值。

海尔运营 - 组织维度的价值空间

在数字化运营活动中，为了提升数字化商业活动管理系统的效率，海尔不仅为生态链群提供了良好的机制，还通过共享平台为其提供了财务、资金、税务、人力资源与法律等各个模块的服务，帮助生态链群打破传统价值链，构建复合价值网。

另外，海尔高效的数字化运营活动还为其数字化业务活动、数字化产业活动提供了支撑。三大活动高效运行，使海尔能够快速识别顾客需求，及时提供顾客价值，不断升级顾客价值体验，成为传统制造企业快速迈入数字化时代的领先者。

智盛永道的实践

智盛永道作为手机品牌 OPPO 的省级渠道代理商，与 OPPO 一路共同成长。这些年来，智盛永道在当地占据了较大的市场份额，并创造了很好的经营效益，拥有稳定的销售和服务团队及成熟的销售渠道。

过去，中国手机厂商的市场份额很大程度上取决于对线下渠道资源的争夺。但在数字化时代，线上销售渠道的兴起对线下渠道造成了极大的冲击（见图 7-5）。

另外，中国手机市场在经历了从功能机到 3G 智能手机再到 4G 智能手机的换机潮后，虽然迎来了一波高速增长（2016 年出货量高达 5.6 亿部），但之后整个行业便开始逐年收缩，进入存量市场时代（见图 7-6）。各品牌为了抢占存量用户，开始加速线下渠道布局，行业竞争惨烈，整体毛利率下降。与此同时，房租和人工成本不断上涨，又增加了线下渠道的经营成本。

图 7-5　2016～2020 年中国智能手机市场出货量线上线下销量占比

资料来源：赛诺、前瞻产业研究院。

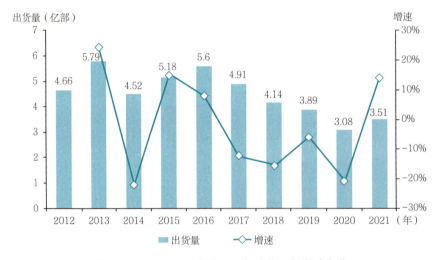

图 7-6　2012～2021 年中国手机出货量与增速变化

资料来源：华经产业研究院。

一系列因素的叠加，让手机行业原有的渠道模式受到了极大的挑战，倒逼渠道商进行变革，寻找新的增长拐点。

在这方面，智盛永道率先进行了实践。

在对渠道的长期深耕过程中，智盛永道深谙"共生"之道。它知道，只有让渠道伙伴得到成长，才能协同围绕顾客进行价值创造。那么，如何赋能伙伴成长呢？

2016 年，在手机市场出货量还处在高峰之时，智盛永道就敏锐地察觉到用户和市场发生了变化——不再是"产品为王""渠道为王"，而是进入了"用户为王"阶段。清醒地认识到这一点后，智盛永道决定对原有渠道模式进行转型，在企业内部迅速启动渠道管理的数字化变革，通过打造数字化系统，调整组织结构，重构渠道体系，赋能前端业务，提升服务品质，实现组织再生长。

打造伙伴共生的生态系统

智盛永道的数字化变革首先面临着一个显而易见的难题：代理商和零售商伙伴能否接受渠道模式的重构？

在智盛永道原来的渠道销售模式（见图 7-7）中，省公司供货给全省 30 多家二级代理商，二级代理商再供货给下属的自营门店及区域零售商。省公司组建几百人的团队，负责二级代理商的服务与管理，以及全省几十家售后服务中心的运营。每家二级代理商投入几百人负责后勤、业务、导购，并为各自区域内的零售商提供各种业务服务及导购团队驻场销售支持服务。

因为模式稳定，且真正解决了所有权的问题，代理制在行业上升期和高毛利期取得了非常好的效果。在这种模式下，代理商完全为自己工作，可以在自己的区域内获得长期收益，所以代理商都愿意对市场进行长期投入，对渠道精耕细作，为顾客提供有效服务，避免了分公司制因所有权机制、人员调动频繁而带来的管理干部短视化，以及因追求短期利益而伤害终端零售商的行为。也因此，各级代理商都和智盛永道建立了长期稳定、彼此信任的合作关系。

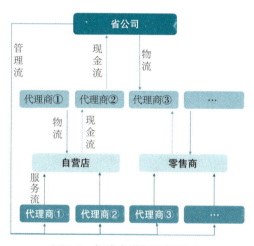

图 7-7　智盛永道原销售模式

不过，这种模式也存在一些不足：省公司到终端零售商的通路没有打通，这导致政策执行效率低下，甚至会产生一定程度的变形；不同代理商之间能力有差异，在组织管理和运营方面的表现良莠不齐。

到了行业下滑期，原有模式的问题越来越突出，毛利率因此不断下降，经营愈加困难。线上模式兴起后，整个大环境去中间化成为主流趋势，渠道变革更是迫在眉睫。

智盛永道在酝酿数字化变革初始，以伙伴关系的渠道发展观为前提，有效融合目标、控制与激励三大系统，希望利用数字技术重塑渠道价值，将渠道管理体系打造成合作伙伴的生态系统，达到共生共创的目的。智盛永道高管层认为，数字化转型的核心应是赋能在前，管控在后。企业变革思考的方向一定要是如何帮助伙伴成长，如何给前端赋能，帮助前端解决问题，否则方向一旦有误，建立再好的系统也无济于事。

重构渠道管理，组织变革支撑数字化变革

围绕价值活动的改变，智盛永道从管理重构入手，进行渠道改革。为了改变原有渠道模式层级众多导致的人工成本高、信息和产品流转效率低的现状，智盛永道以提升效率和降低成本为这次数字化转型的首要目标。

在传统模式中，代理商有三大价值，分别是资金平台、物流平台和服务平台。随着移动支付和专业物流公司的全覆盖，代理商的前两大价值发生了改变，其价值更聚焦于服务平台，即为前端提供服务，通过提供和管理属地化的业务员、驻场导购员，为终端顾客赋能。但是，各家代理商的实力参差不齐，有些难以及时洞察、响

应终端零售商在销售前端的需求，整个销售体系的管理效率存在很大问题。

面对这样的现状，智盛永道选择直供模式，将组织结构扁平化，去掉中间环节的重复建设，让省公司直接对接零售终端，提升效率（见图 7-8）。直供模式把代理商从烦琐的后勤服务（开单、仓储、财务）中解放出来，推动省公司在数字化建设中打造"云仓库"，让物流更灵活。同时，代理商最有价值的顾客服务被保留下来，驱动零售终端为顾客提供更优质的消费体验与服务价值。

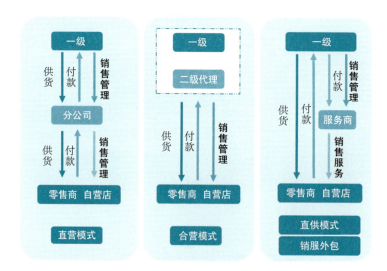

图 7-8　智盛永道新销售模式

在智盛永道看来，零售终端是整个组织的最基层，也是真正解决问题和创造绩效的主体，它们能够在一线直接触达顾客，为顾客提供产品和服务。为了充分激活一线创造价值，在组织变革的过程中，智盛永道还将原有的自上而下的管理模式调整为自下而上的赋能模式，将传统的正三角管理思维转换为倒三角管理思维，把零售终端置于架构的最上层，省公司置于最底层。省公司不再是管理者，而是转变为服务者和赋能者。在倒三角赋能模式中，资源和决策权被最大化地赋予零售终端，让它们在面对顾客和为顾客服务时，能够主动、有效地根据顾客需求做出及时响应（见图 7-9）。

图 7-9 倒三角赋能模式

除此之外，智盛永道还打破了原来的火车头牵引组织发展的模式，积极利用动车理论改造代理商组织，将代理商组织划分为小单元，将每一节"车厢"改造成阿米巴模式，将责权利下放到真正在一线作战的阿米巴，使前端每一个阿米巴都产生"主动"意愿，愿意协同创造价值，为公司做出贡献（见图 7-10）。

图 7-10 动车理论改造代理商组织

这场自我革新的组织转型，为智盛永道的数字化转型打下了坚实的基础，但不可避免地也带来了一些新的挑战：原有手工开单模式能否跟上全区域供货需求？代理商不再供货时，货物流转数据能否有效传递给终端？财务核算如何做到精准及时，支撑业务发展？

智盛永道清楚地认识到，这场组织变革必须是数字化变革。只有采用数字化系统，将所有数据、流程和业务沉淀在系统里，让信息和流程透明化，才能解决所有业务管理和决策问题，提升全端的效率。

四大数字系统，全方位为顾客服务

在构建数字化系统时，智盛永道的一把手基于对业务的理解，带领业务团队主导了整个软件系统的开发和运营。围绕顾客服务，智盛永道构建了一整套数字化管理系统，其中最核心的四大数字系统分别为：终端系统、新零售系统、供应链系统和会员系统（见图 7-11）。通过底层的数据化中台，这套系统将所有软件的数据拉通，实现渠道全体系和全流程的数字化。

第一大系统是终端系统。终端系统是整套系统中最核心的部分，它能为代理商赋能，打通代理商区域的人、货、场等数据，实现业、财、人一体化。在终端系统中，所有环节一目了然。代理商能够通过后台数据，实时查询到自己的顾客数量、人员数量、销售、库存、物流和现金流信息，这将大大节省人力成本，提高工作效率，实现降本增效。

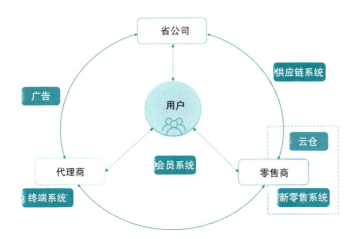

图 7-11　智盛永道的数字化管理系统

终端系统还以数据为底座，提供数据驱动、精准决策的全方位技术支撑。比如，终端系统在后台会根据门店的历史销售数据预留对应的产品型号并"锁死"，保障零售商的供货。同时还会设置上限与下限阈值，帮助零售商控制库存。终端系统的应用，使智盛永道的"前线"实现从盲打到精准、从粗放式管理到精细化管理的转变，释放人力，提升效率，创造更大的顾客价值。

第二大系统是新零售系统。在实际业务经营中，很多代理商既为零售商提供服务又做自营店，无法靠一套系统满足两种不同销售模式的需求。新零售系统是为自营店赋能的，实现门店人、货、场、量、款等数据的实时打通。相比终端系统，新零售系多了自营店级和零售商级的会计核算及款项的管理。

代理商自营店通过新零售系统，不仅能清晰地看到自己的库存状况、销售额等信息，自动实时地进行财务核算及数据反馈，为前端提供决策依据，还能通过云仓工具实现门店转线上销售，优化门店库存结构。此外，通过会员系统，门店还能打通销量、服务、促销活动等数据和顾客的数据，然后通过数据洞察来实现对消费者需求的快速回应。

第三大系统是供应链系统。企业的营销通路和终端成本高昂已成为突出问题，推进现代物流和供应链发展是重要的解决之道。智盛永道的供应链系统打通了从零售商要货到公司发货的全流程，赋能终端销售。同时，智盛永道还通过大数据建模，为不同顾客自动显示与其匹配的产品型号，精准触达消费者，实现千人千面。

在原有渠道模式中，财务核对、开单、仓库接单等流程均由不同岗位的员工手工完成，效率极低，顾客和一线业务人员看不到全流程数据，工作效果大打折扣。智盛永道的供应链系统使原来各环节中需要手工做的工作全部自动完成，并且实时可视，不仅提升了顾客的满意度，而且大幅降低了对一线业务人员能力的要求和依赖性，同时极大地提高了后勤效率，降低了后勤运营成本。

第四大系统是会员系统。智盛永道每年都会销售巨量产品，但产品卖出也是售后服务的开始。只有不断地通过数据分析挖掘产品背后的用户需求，并做好需求分析，才能持续优化顾客（用户）服务。因此，用户运营必须有系统支持，售后服务是刚需。

智盛永道的会员系统，进一步赋能用户，与用户建立数字连接，进行精细化管理与赋能。除了提供会员权益、积分管理、线上咨询等功能，会员系统还能实现用户寄修全程可视化，提升用户的信任度和满意度。通过会员系统，智盛永道进一步深化服务，实现用户价值的提升。

数字化系统的打造，使智盛永道实现了高效管理，使企业对内的组织管理和以顾客服务为中心的数据管理有效融合，真正推进智盛永道数字化变革的落地与实施。

智盛永道的数字化变革成效

从 2016 年敏锐察觉到用户和市场的改变后开始酝酿变革，到 2017 年注册鼓点软件公司，投入 2000 万元进行数字化系统的建设、开发和运营，到 2018 年数字化系统正式上线、第一批和第二批代理商相继合并供应链，再到 2019 年一直难以改变原有观念的代理商也顺利合并供应链，智盛永道的这场大刀阔斧的数字化变革终于圆满达成预期，取得降本增效的显著成果。

在原有渠道模式中，每个代理商都"五脏俱全"——财务、人力资源、后勤、仓储等各种岗位一应俱全，但通过数字化转型，智盛永道将管理层、业务人员、一线导购员都导入数字化系统，重构渠道管理，将原来的 38 个代理商变成 195 个商圈，每个商圈中只需要匹配 20～30 名导购员和业务人员，直接优化掉 500 个后台支持岗位。由此，代理商的人力得到大大解放，实现了降本增效。

其成效具体表现在以下几个方面。

仓储方面：智盛永道原来有 38 个代理商仓库和 1 个省公司仓库，经过这次变革，只留下省公司仓库，仓管人员也从原来的 100 多人缩减为 8 人。

物流方面：过去，智盛永道是由省公司供货给代理商，代理商再发货给终端门店，物流效率低下。改革后，由省公司统一供货，原来 3 天到货变为次日基本到货。因为减少了中间环节，物流费用也大大降低，成本得到了优化。

后勤方面：2021 年，智盛永道的整体销售额相比 2019 年提升了 12%，但代理商后勤人数却只有 2019 年的 23%，这说明数字化变革极大地降低了后勤运营成本，并提升了组织效率。另外，数字化系统极大地赋能了前端人员，相较于 2019 年，2021 年前端人员单人产出提升约 49%，企业整体效益得到改善（见图 7-12）。

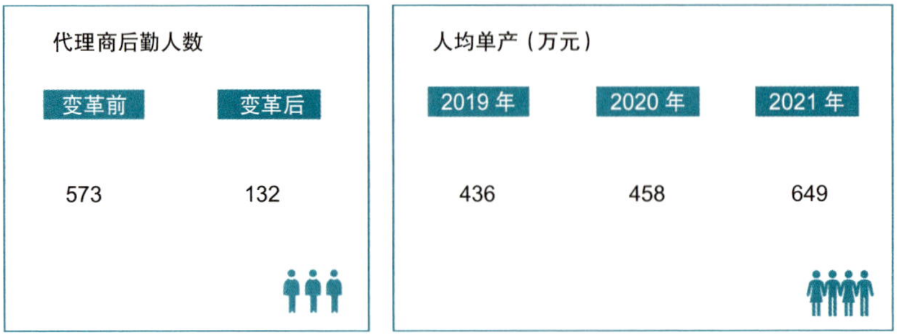

代理商后勤人数		人均单产（万元）		
变革前	变革后	2019 年	2020 年	2021 年
573	132	436	458	649

图 7-12 数字化转型前后的成效比较

对智盛永道而言，这场数字化变革也是组织的一次再生长。在数字化系统的驱动下，代理商完成了数字化升级，其角色也发生了转变：不再是个人利益工作者，而是价值创造共同体。在数字化手段的支撑下，所有代理商都能在一个透明的环境中展开工作，有更多的精力聚焦于前端服务，关注如何服务好顾客，如何提升销售额，如何让客户得到更好的消费体验，如何提高顾客的忠诚度。代理商为顾客创造的每一份价值，最终都会体现为企业整体效率的提高，以及新价值空间的成长（见图 7-13）。

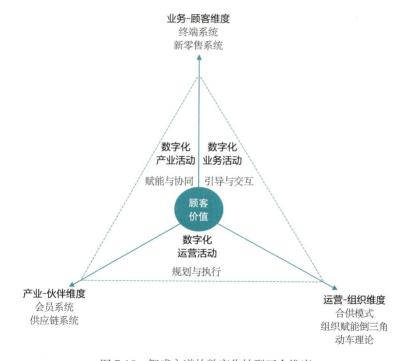

图 7-13　智盛永道的数字化转型三个维度

智盛永道对这次数字化转型的整个历程进行了总结，心得如下。

初心。变革的初心是"打造与合作伙伴共同成长的生态系统"，因此，数字化转型的核心是赋能在前，管控在后。思考的方向必须是如何给前端赋能，如何帮助前端解决问题，如何帮助伙伴成长，如果最初的方向错了，那么无论构建什么样的系统都没有用。

工具。智盛永道想要"构建基于业务理解的数字化"，数字化是为业务服务的，必须以提升业务流程效率和效益为起点，这就需要真正懂业务的人来主导转型，因此业务团队必须深入参与进来。如果以技术为导向，由IT部门来主导，只是基于一些简单的调研，做出来的产品必然无效，前端也不愿使用。开发软件的人并不是软件的真正使用者，产品做得再高大上，但是对使用者没有价值，那么就是浪费。这恰恰也是很多企业一线使用人员对数字化工具不满意的根源。

基于人性思考。一线使用人员最想要什么？或者说数字化能够带来哪些他们以前无法获取的价值？这些是决定使用人员是否愿意使用并能用好数字化系统的关键。因此，系统构建者必须基于人性思考，去了解系统使用者的真正需求（比如，更便捷地完成报销流程拿到钱，可以看到自己收入的动态变化等），这样才能让系统变得更好用，让大家从被逼着使用到自愿使用。

本质。数字化系统是一套管理赋能系统，其本质是流程变革，所以必须是一把手工程。企业数字化变革绝不是为了维系现有的流程，而是利用新技术、新工具重构原有流程，使之效率更高、成本更低。如果一把手不亲自参与，就无法打破原有的"部门墙"，无法改变各部门对既得利益的维护，变革也就无法实现。数字化一定是为变革服务的，数字化变革是一把手最重要的工作。智盛永道关于内部信息化的核心会议开了近 200 期，一把手全程参与，一个流程一个流程地敲定，一个问题一个问题地解决，并基于未来思考、构架，这才达成今天的成果。

最重要的是，尽管取得了丰厚的成果，但在智盛永道看来，这仅仅是一个开始。数字化变革只有起点没有终点，外部环境在不断发生变化，组织内部也必须快速调整和适应，不断优化。路漫漫其修远兮，未来，它还将继续行走在数字化转型的道路上。

Digital Transformation
of the Organization

第 8 章

企业微信赋能 B 端企业数字化转型[⊖]

企业数字化转型与成长的本质在于，应用
数字技术与工具帮助企业实现价值增值。

Digital Transformation
of the Organization

⊖ 这部分的主要内容来自陈春花、梅亮 2021 年 10 月发表于《哈佛商业评论（中文版）》
的 "AIRS 价值增值环助力企业数字化成长" 一文。

　　数字技术深度驱动组织与产业的价值增值，拥抱数字化成为当前企业生存与成长的必然选择。在数字化情境下探索企业高速高质成长的有效模式，更是成了企业管理的核心议题。为此，我们和腾讯公司企业微信共同提出了企业数字化成长的 AIRS 价值增值环模式，并以企业微信的实践为例，探讨数字化时代传统企业如何实现高效转型与高质量成长。

数字技术驱动组织与产业价值增值

　　随着数字技术（如大数据、人工智能、区块链等）深度嵌入并重构社会经济，无论是个人还是企业，都必须开启数字化转型之路，新冠疫情的考验也使全社会拥抱数字化的进程进一步加速。

在这一背景下，企业生存与成长的外部环境呈现出以下几大变化。

首先，当今时代，数字化按下快捷键，数字经济成为驱动经济增长的关键引擎。

其次，数字化使企业经营环境呈现高度不确定性，连接与共生成为企业与外部利益相关者实现价值创新的重要手段。

典型的表现是，数字技术重构了企业与供应商等合作伙伴、用户之间的交互连接，实现了多场景、多要素、跨产业、跨组织的资源组合与创新涌现。如迪士尼乐园为游客提供魔法腕带，实现游园智慧化，并为游客提供定制化服务；腾讯智慧零售打造"超级连接"战略，通过线上"触电"、线下"触电"、社交"触电"、商业"触电"等实现"人-货-场"的数字融合，引爆零售商业价值。

最后，数据变成新的生产要素，融入企业产品研发、生产制造、供应链运营、组织管理等各个环节，新的商业业态与创新模式不断涌现。

经济活动范式与组织环境改变的底层逻辑，从本质上触达了"数字技术兴起重构传统价值创造与价值获取的关系"这一基础议题。人工智能、云计算、万物互联、区块链等数字技术的兴起与应用，深度驱动企业与产业的价值增值。

从微观层面来说，数字技术驱动产品和服务的形态变革与功能延展、产品与流程的创新、商业模式的升级以及顾客价值的创造，实现个人与组织的价值增值。

从宏观层面来说，数字技术驱动产业链一体化、生态伙伴协同、产业跨界与资源组合创新等，实现产业价值增值。如企业微信赋能客户企业，通过实名制沟通、消息管理、客户关系管理与微信互通等，实现客户企业从产业链上游原材料供应商到下游终端用户的端到端式降本增效、价值增值；海尔卡奥斯平台向家电、房车、食品等行业的工业互联网赋能，引导以"离散型制造业"为基础的多产业实现跨界资源重组、创新价值涌现。

在数字化的时代趋势以及数字技术驱动企业与产业价值增值的背景下，传统企业应如何拥抱数字化，如何实践数字化转型，如何应用数字技术驱动企业有效成长与价值增值，以最终实现竞争优势持续升级，成为当前企业管理的关键议题。

AIRS 价值增值环模式

企业数字化转型的本质在于应用数字技术与工具帮助企业实现价值增值。为此，传统组织应围绕客户，通过数字化连接，构筑AIRS价值增值环模式，驱动企业持续成长。具体而言，AIRS价值增值环包括触达终端（Access）、集成功能（Integration）、重构场景（Reconfiguration）、共生价值（Symbiosis）四大关键策略，并以此为基础构建面向客户的四大价值增值空间。

　　AIRS 价值增值环的第一个关键策略是"触达终端"。将企业成员及企业利益相关者联结在一起的数字化平台，助力企业提升数据连接与沟通的效率，实现对企业内部全体人员、企业供应链上下游利益相关者、企业外部合作伙伴以及生态目标客户与潜在用户的终端触达。

　　第二个关键策略是"集成功能"。以移动端为载体的数字化平台成为客户企业一体化集成管理平台，驱动基于企业管理功能的效率提升，实现客户企业内部办公管理、供应链与生态伙伴管理以及用户管理的一体化集成。

　　第三个关键策略是"重构场景"。聚焦于以数字化、移动化为特征的场景，重构企业内部场景、外部供应链与合作伙伴场景、用户/顾客场景等，实现场景驱动的创新价值涌现。

　　第四个关键策略是"共生价值"。共生价值具体表现在企业与客户企业建立共生型组织，探索并创造物理空间与数字空间的价值孪生，实现可持续的长期合作与价值共享共创。

　　基于 AIRS 价值增值环的四大关键策略，数字化连接为企业成长输出价值增值的数字化赋能（包括沟通效率提升与管理效率提升）、驱动企业实现成长转型的数字化使能（包括沟通与管理效率提升转化的降本增效价值、重构场景实现的新价值创造）、引领企业及其伙伴共筑未来发展的数字化升能（包括用户/顾客导向的服务价值优化、引导传统组织价值网络系统转向价值孪生）。

企业微信赋能企业数字化转型

作为中国企业级办公与通信解决方案的提供者，腾讯公司的企业微信率先进行了 AIRS 价值增值环模式实践（见图 8-1），赋能 B 端客户企业实现价值增值。其应用与创新，为中国企业的数字化转型带来深刻启示。

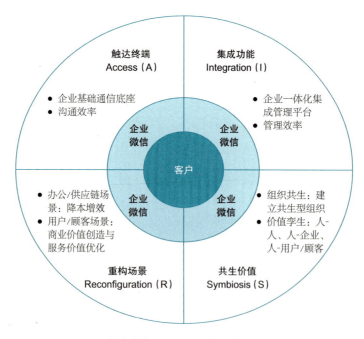

图 8-1　企业微信的 AIRS 价值增值环模式实践

增值空间的关键策略实践

触达终端

企业微信默认终端节点人"实时在线"的基本假设，基于以"消息"（或信息）为基础的通信单元建立移动化通信平台，实现 B 端客户企业对内部全体人员、供应链上下游利益相关者、组织外部合作伙伴及用户的触达，成为企业基础性通信网络的底座。

企业微信在传化集团的实践充分体现了它在触达终端方面所发挥的作用。

传化集团（简称传化）是一家位于杭州的多元化制造业领先企业。通过采用企业微信"触达终端"的关键策略，传化集团实现了对集团 14 000 多人的全员触达与沟通管理。

在我们对传化 CIO 赖总的访谈中，他说道："企业微信能实现人与人的快速联结、信息的实时传递，当企业中所有人都用了企业微信后，排产人员、营销人员、研发人员等就能更快地互动。企业微信给我们企业带来了巨大的变化，传化有 1 万多名员工，以前有些人员很难联系到，微信不一定用，电话打过去不一定接，而现在一线员工可以直接通过企业微信给管理者发消息，反映班车、食堂等问题。沟通实现了扁平化。"[○]

为了实现全员触达，传化基于企业微信平台积极探索功能创新。举个例子，研发团队在原来集团 OA（Office Automatic，办公自动化）的基础上开发了"周志"功能。员工每周做总结和计划时，如果有好的建议与心得，可以通过"周志"实时传递给管理者，与其基于任务项进行

○ 引自传化访谈，访谈时间为 2022 年 3 月 28 日。

互动。比如，对员工或管理者的某一项任务的总结，董事长可以在"周志"中回复"好"，或者批示需要关注的事项，这样就不需要员工再进行单独汇报了，而且还加速了信息传递。如果问题需要多部门协同解决，也可以在"周志"中直接"@"相关部门，进行沟通互动，而其他人也能看到"周志"中的沟通情况，及时了解信息。这个功能在管理者与一线员工之间建立起顺畅的沟通渠道。

此外，传化还基于企业微信平台开发各种"爆款"应用，如新闻、工资条、生日祝福、退休员工福利、食堂、车位等，使员工能够及时获取与自己利益相关的信息。在这些"爆款"应用的带动下，传化在三个月内就实现了企业微信对全员的覆盖。

在触达供应链伙伴方面，企业微信帮助客户企业与其上下游企业实现高效沟通。百果园的案例是一个很好的证明。

百果园是一家大型连锁水果零售企业，目前在全国100多个城市建设了5000多家门店，建立了从水果种植、采摘到仓配物流，再到零售的端到端体系。通过社区店为主、线上线下一体化的方式，百果园不仅能快速送货（现在百果园能够做到29分钟内送达），还提供顾客今日预订明日到店自提、B2C全国送等服务。而这一切都得益于百果园通过企业微信对合作伙伴的高效触达。

如百果园集团常务副总裁焦总所说："生鲜零售行业属于零售行业的一个小板块，跟一般零售不太一样。水果属于高频、大众、偏刚需的品类，对消费者的黏性、触达的效率要求很高。企业微信与我们的匹配度很高，它一方面帮助我们实现 C 端的连接触达，另一方面使我们向产业上游纵深方向进行触达。"⊖

事实上，百果园聚焦的生鲜零售行业具有产业供应链数字化非对称的特点，其上游供应商大多是农户与农户合作社，生产关系松散，难于沟通管理。同时，上游农户的知识水平为其使用数字化工具带来了极大的阻碍，需要投入大量精力做培训。

相对而言，产业链下游的伙伴与用户系统化、线上化水平高。在企业微信的助力下，百果园已经完成了对不少上游供应商的数字化赋能，引导供应链合作伙伴在企业微信平台中实现触达与管理。

集成功能

企业微信通过集成功能这一关键策略，建立客户企业一体化集成管理平台，对客户企业的内部办公、供应链与生态伙伴、用户进行集成协同管理。

企业微信产品设计总监曾经清晰地描述企业微信如何实现内部办公集成：用一个工具把日历、会议、员工生命周期管理等功能整合在一起。这个工具的底层是 IM（Instant Messaging，即时通信），同时附带一个工作台承接通用的办公应用。除了基础的办公功能外，企业还可以通过开放入口将自己所需要的其他办公功能集成到企业

⊖　引自百果园集团访谈，访谈时间为 2022 年 3 月 16 日。

微信中，满足自身的个性化需求。

有些企业不是直接面向消费者的，而是为生产链条中的某个环节提供产品或服务，需要与供应链上的其他企业以及生态伙伴进行连接。企业微信充分考虑到了这一点，企业可以通过在企业微信上开放 API 接口来实现与上下游供应商和经销商的连接；供应商和经销商也可以通过企业微信的研发团队在企业微信平台上搭建的子平台，与企业共享信息、有效沟通，双方实现互连互通。

在用户集成方面，企业微信也发挥着很大的作用。正如企业微信 BD（商务拓展）张先生解释说：企业微信管理客户，赋能企业 CRM（客户关系管理）全生命周期，从建立连接、加好友的时间节点的选择，到之后的各个销售环节、运营环节、转化环节，都在企业微信这条 B2C 链路上进行管理，通过图片、视频、语音、文字去交流，这使流程更透明，使"销售漏斗"的每个环节都可追溯。

东鸽电器是内蒙古的家电行业领军企业，在企业微信成立初期便将其应用于顾客连接与管理，与企业微信深度合作推进集团数字化转型。

正如集团主要负责人王总和赵总回顾引入企业微信的背景时指出："东鸽电器当时引入企业微信，最主要的原因是传统的信息化软件没办法让我们与顾客沟通。东鸽电器是大型连锁零售企业，我们的会员都是已经购买或想要购买家电的顾客。我们想要打造自己的会员系统，如果不跟顾客沟通，那么这个会员系统只能叫 CRM，就是最传统的会员管理系统。当时已经兴起了 SCRM（社会化客户关系管理）模式，多了一个'S'，就多了一个与顾客沟通的手段和方式，而与顾客的有效沟通与管理能解决我们的内部办公、协调、工作流等种种问题，所以，企业微信是我们的最佳选择。说得直白一点，当时我们选择企业微信最大的目的，就是与顾客进行沟通并做好管理。"⊖

重构场景

企业微信利用数字化与移动化手段，在组织办公场景、供应链场景、用户场景等领域，通过重构场景实现价值转化与价值涌现。

在办公场景重构方面，有企业分享了企业微信的作用：老板、主管、经理发一条信息，不仅很快就能够传达到整个团队，而且还能了解到哪些人看了、哪些人没看过，即能够有效管理内部信息和沟通情况。

餐饮行业的领军企业麦当劳也使用企业微信推进公司的数字化转型，它将企业微信应用于员工健康管理这一工作场景，为新冠疫情期间公司餐饮业务的有序运行提供了保障。公司 CIO 陈总对此进行了介绍：

"疫情背景下，管理层高度重视一线员工的健康管理，重视程度比原来提升几个量级，包括及时获取一线员工的疫苗接种情况、健康证管理情况、核酸检测情况、当前体温，以及餐饮外卖骑手的健康状况等。过去，搜集这些健康管理数据是非常复杂、低效的，而应用企业微信后，只要让员工在平台上填写一张表格，全国所有麦当劳餐厅一线员工

⊖ 引自东鸽电器访谈，访谈时间为 2022 年 3 月 22 日。

的健康状况就能汇总起来并能受到实时管理。"⊖

关于用户场景的重构，企业微信使消费者在线上也能获得与线下一样的消费体验。呷哺呷哺就在这方面获得了极大的价值提升。

呷哺呷哺成立于 1998 年，是一家集火锅、茶饮、零售、加工与工程设计等于一体的火锅行业领导品牌。在企业微信数字化平台的支撑下，呷哺呷哺围绕用户场景探索价值创新模式。

呷哺呷哺集团信息副总裁唐总说："从消费者端来说，未来谁能快速感知消费者的需求变化，谁才能持续地保持稳健增长。企业微信作为移动化的协同平台，连接了企业、员工、供应商、消费者。它集成了很多服务商的工具，有很多开放接口，不断提供可配置的公共体验，给了我们很大的想象空间。之前我一直在想，如果将现在比较流行的元宇宙、AR/VR 等技术引入到这个平台上，或许可以让消费者在未到店时就感受到我们的产品、餐厅环境，还可以让虚拟的人物在平台上为顾客介绍新的营销活动、新品和服务等。而企业微信让这些想象成为现实，为我们创造了更多的用户场景空间。"⊜

共生价值

企业微信与客户企业合作建立共生型组织，其边界延伸至网络成员，包括 B 端企业内部员工、供应链上下游与生态伙伴、顾客、

⊖ 引自麦当劳访谈，访谈时间为 2022 年 4 月 20 日。
⊜ 引自呷哺呷哺集团访谈，访谈时间为 2022 年 4 月 22 日。

企业微信与客户企业的服务商等。

这种共生型组织的基本架构（见图 8-2）为：企业微信作为数字化/移动化工具为客户企业输出价值，客户企业为企业微信提供数字化工作载体，两者形成共生关系；针对客户企业的需求，企业微信将自己定位为基础通信底座与集成管理平台，根据客户企业所处行业输出共性基础需求解决方案，相应的行业定制化与客户个性化需求由服务商完成；微信面向 C 端用户——社交（To C），企业微信面向 B 端客户企业——服务（To B），C 端用户与 B 端客户企业通过企业微信与微信的"互通"实现共生；客户企业通过企业微信实现与供应链上下游及生态伙伴等主体的共生。

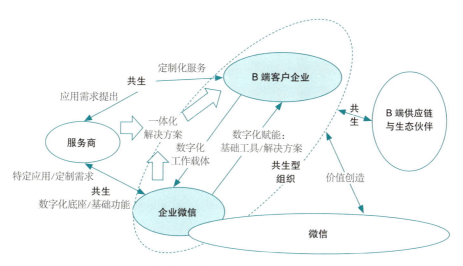

图 8-2 企业微信与客户企业的共生型组织架构

企业微信与传化构建的共生型组织就是一个经典案例：

以传化涉足的有机硅产业为例，传化扮演行业链主的节点角色。但行业的改善提升，不仅需要做好单点提升，更有赖于产业链上下游的共同提升。传化的战略就是如此。

结合传化"既要实现物流、科技、金融、服务、资本的连接，也要形成产业生态"的战略诉求，比如成为有机硅产业链主、在物流服务制造业进行多方连接等，企业微信带给传化的是由内到外的连接共生。传化有1万多名员工，过去老板只能看到眼前的20个人，或者关注到200个人，现在企业微信能让他触达所有员工，而且是有感知地触达。同样，对产业链主以及服务制造业来说，原先的传统模式被改变了，相当于把上下游全都带动起来了。产业链上下游的协同，在于整个行业在数字化平台上实现协同。这使我们更坚信了原先设想的打造生态的方式，现在，利用以企业微信为代表的数字化工具，我们可以把各个产业相关的组织放在一个平台上协同。⊖

价值增值的实施要领及实践启示

在触达终端、集成功能、重构场景、共生价值四大关键策略的实践背景下，客户企业通过企业微信的数字化连接构建共生型组织，实现数字化赋能、数字化使能、数字化升能（见图8-3）。

⊖ 引自传化访谈，访谈时间为2022年3月28日。

图 8-3 企业微信的 AIRS 价值增值环实践启示

数字化赋能：沟通效率提升

通过实时交互触达终端策略的实施，企业微信帮助客户企业构筑了基础性通信网络底座，实现对客户企业沟通的数字化赋能。在企业微信看来，它自身相当于一套神经网络，企业使用它连接网络后，信息就能在上面流转。企业好比一个巨人，有一套神经网络后，它的信息传递速度和感应速度就会变得非常快，企业也因此变得更敏捷、更高效。过去，企业想要获取一个信息，要打开网站才能知道，而现在一切信息都是实时同步的。

企业微信让很多客户企业感受到了好处，如百果园集团常务副总裁焦总这样解释企业微信带来的价值增值：企业微信对企业的内部协作管理、即时沟通都有很大的改善。尤其是我们这种企业，5000

多家门店、上万人的沟通协作，其实是一件很难的事情，所以说企业微信发挥了非常大的价值。尤其是 2020 年新冠疫情以来，企业微信特别明显地提升了我们内部的协作沟通效率。再如遇见小面的 CIO 廖总指出：企业微信主要在效率方面给遇见小面带来提升，不管是沟通效率还是文档协同效率都有质的提升。

数字化赋能：管理效率提升

企业微信为客户企业构筑以移动端为基础的一体化集成管理平台，通过免费基础性行政管理功能输出、开放 API 接口的定制化管理功能整合等，实现管理效率的提升。

比优特集团的管理效率提升就得益于企业微信的数字化赋能。

比优特集团是一家零售超市主营企业，自主开发公司门店运营系统，以推进运营管理的优化升级。在与企业微信合作后，比优特集团基于企业微信数字化平台打通了业务操作流程和 ERP。

比优特信息总监曹总说："在引入企业微信之前，我们平库（处理不准确的库存）是理货员拿一张单子，手工填写商品名称、商品条码、商品编码等，非常耗时。填完后还要挨个找科长、店长、防损员、微计员审批签字，微计员还要录入。整个链条很长，效率极其低下。但用了企业微信后，全部过程电子审批就行。比如：理货员想平哪个库，只要扫描一下，商品信息就出来了，然后输入数量、提交给相应的审批人，审批通过后这些信息就进入 ERP 系统中了。所以，从效率上来说，企

业微信对我们的提升帮助非常大。" _⊖

数字化使能：降本增效

企业微信重构办公场景与供应链场景等，通过基础性通信底座与一体化集成管理平台的数字化实践，将客户企业沟通与管理效率的提升转化为降本增效的价值，具体表现为生产效率与沟通服务效率提升，移动 OA 成本与软件学习成本降低等。

对此，企业微信的总经理黄铁鸣指出：信息传递效率是衡量生产效率的一个重要因素，它的改善能让整体生产效率获得提升。BD 周某认为，企业微信对办公场景和供应链场景的改进能改善线上沟通和服务的效果并提升效率。BD 张某则强调了移动 OA 开发成本的降低，他说：企业微信让使用它的企业有了统一的移动门户，让它们获得了数字化加成，企业内部移动 OA 的开发成本因此大大降低。

百果园的实践充分证明了这一点。

百果园集团常务副总裁焦总在访谈中说：企业微信非常完美地对接了我们的会员系统。完成对接后，我们的会员系统数据、会员权益、会员历史情况、会员偏好等就都能与企业微信互通。最重要的是，过去我们通过短信、电话客服、智能客服来做营销，不但成本高，转化率还非常低；用了企业微信后，因为所有人都在一个平台上，包括消费者，所

⊖ 引自比优特集团访谈，访谈时间为 2022 年 3 月 22 日。

以我们的转化率、触达率大幅提升。[⊖]

数字化使能：价值创造

企业微信聚焦用户/顾客场景的重构，基于底层通信架构与上层功能应用两方面，实现了客户企业与大规模微信用户的互通，并且构建了基于微信用户画像与界面交互的用户底层数据私域流量，为企业数字化运营能力的提升、大数据精准营销业务的优化、以微信互通为基础的商业模式创新等创造价值。通过与企业微信的生态连接，企业得以触达超过 10 亿的微信用户，这是其他任何一个网络软件都无法提供的。

企业微信的数字化使能就为比优特集团创造了极大的价值。

关于公司的数字化转型实践，比优特集团的曹总强调：比优特做私域流量转化，是因为公司有自己的小程序，有"到家"业务，也有拼团业务。将公司所有会员都导入企业微信，这样就可以把好的营销活动、好的商品更快地推广给用户，实现线上线下的结合，同时也实现传统行业向互联网行业的转型。这种传统行业和互联网行业的深度融合，能实现流量转化，带来更大的经济效益。[⊖]

数字化升能：用户/顾客服务价值优化

企业微信在为客户企业提供组织内外部沟通、办公集成管理两

⊖ 引自百果园集团访谈，访谈时间为 2022 年 3 月 16 日。
⊖ 引自比优特集团访谈，访谈时间为 2022 年 3 月 22 日。

大基础性与共性数字化服务的同时，聚焦用户/顾客场景重构，通过人即服务、有温度的数字化服务等模式，实现服务价值的持续优化，挖掘数字化服务背后的价值升级。

企业微信非常重视面向员工服务体验与客户服务体验的数字化升能，正如企业微信的总经理黄铁鸣所说：企业微信的最终目的是为企业带来效率、价值，但如果让员工用得不舒服，那么是永远产出不了价值的。所以我们很在意员工的使用体验，希望更好地成就员工，让员工在使用时感觉很舒服，或者觉得这款工具能帮助到他们，而不是限制他们、损害他们的利益。同时，企业为客户提供产品和服务的方式也会越来越朝着有温度的方向进化……未来，不再是产品设计出来让客户挑，而是服务人员基于对客户的了解和关心为其设计或推荐相应的产品。

数字化升能：价值孪生

传统商业活动形成了企业与利益相关者（如供应商、客户等）的价值网络系统，而价值孪生则以数字孪生为基础，形成物理空间与赛博空间（Cyberspace，数字空间）的要素镜像与映射，实现双空间价值交互与创造。

企业微信在帮助客户企业提升企业沟通与管理效率，重构办公、供应链、用户等场景，实现降本增效与价值涌现，并持续优化服务价值之外，在物理世界建立了人（内部员工、管理者、外部利益相关组织成员）、组织（客户企业）、用户/顾客（微信端用户与特定商业模式的目标顾客）三大行为主体的"数字化连接"，驱动传统商业价值网络系统运行转向数字化连接的价值孪生。

我们以企业微信与客户企业的共生型组织为基础，基于"人-人""人-企业""人-用户/顾客"三大基本关系，总结价值孪生的主要特征（见表8-1）。

表 8-1　基于数字化的价值孪生

价值孪生基础场景	物理空间价值	物理空间与赛博空间连接的基础纽带	企业数字化能力	赛博空间价值	典型实践
人-人沟通场景	效率提升、信任度增加、降本增效	信息、消息、数据等	消息识别、语义关联、沟通场景、数据挖掘、预测与决策	组织内部：水平沟通与工作协同、上下级关系扁平、员工关怀与幸福感、风控、安全监管、隐私保护 组织外部：消息触达半径、供应链沟通一体化、品牌统一认知度与价值传递	瑞士银行应用企业微信 北京地铁及轨道交通行业的安全沟通与管理 金融行业应用聊天内容存档方便审计
人-企业管理场景	管理效率与成本收益	管理功能模块	开放接口、功能活用、数字总线、应用场景、智能分析、管理优化	组织内部：数字化与移动OA、信息或数字集成、集成管理平台、有温度的管理 组织外部：规范化或透明化管理、供应链管理一体化、生态伙伴管理一体化	用一个App解决导购过程中的所有问题 企业统一管理运维平台，整合所有管理功能，开放API接口集成个性化管理功能 数字化管理下沉，实现有温度的管理，如订餐管理等

（续）

价值孪生基础场景	物理空间价值	物理空间与赛博空间连接的基础纽带	企业数字化能力	赛博空间价值	典型实践
人-用户/顾客互通场景	商业价值创造与服务优化升级	微信互通	数字化体验、用户行为感知、用户数据挖掘、在线场景、人机协同、产业互联	跨组织边界：触达范围与网络基数、透明化或标准化客户运营、服务半径或质量及服务升级、持续运营与品牌管理、精细化用户 CRM、线上线下交互、数字化产品或服务模式创新、产业互联网或产业升级	疫情期间企业微信面向微信消费者的线上导购服务 利用 CRM 实时引导精准化、傻瓜式运营，提升复购率及收益等 企业微信产品哲学：人即服务

企业数字化成长的展望

数字经济崛起、数据要素价值涌现、组织数字化进程加速与创新、数字技术深度嵌入企业经营与人类生活等，使拥抱数字化成为企业成长的必然选择。

以企业微信为代表的产品与服务数字化解决方案提供者，与传统企业建立以数字化连接为基础的共生型组织，通过触达终端、集成功能、重构场景、价值共生的关键策略，实现组织内外部沟通效率与管理效率的提升、办公与供应链场景降本增效的价值转化、用户/顾客场景的商业价值创造、数字化服务的价值优化以及"人-人""人-企业""人-用户/顾客"的价值孪生等价值增值。

未来，企业应充分利用信息高效传递对组织成长的驱动，发挥以协同为基础的数字化工作模式、管理模式及创新模式的作用，构建"以人为本"的数字化连接、交互与运营，将更多利益相关者纳入数字化时代组织持续成长的演化进程中，与生态伙伴共同实现价值增值、共创与共享。

第 9 章

云上的波司登

企业数字化能力既是技术能力，更是业务运营能力，必须实现技术与业务的高度融合，才能取得较好的效果。

Digital Transformation
of the Organization

2022 年 5 月，品牌价值评估机构 Brand Finance 发布了"2022 年全球最有价值 50 强服饰品牌榜单"，波司登位列第 48 位。这是波司登连续第二年入选该榜单。

在中国，"波司登"和"羽绒服"几乎可以画等号。波司登是全球知名的羽绒服装品牌企业，创立于 1976 年，深耕羽绒服行业 46 年，连续 27 年（1995～2021 年）领跑中国市场。2021 年度，波司登的品牌组合市场占有率达 22.17%，市场销售份额达 47.08%，荣登 2021 中国制造业民营企业 500 强（182 位）、2021 中国民营企业 500 强（316 位）榜单。波司登的可持续增长，离不开其品牌建设、产品创新、渠道升级、数字化转型以及新零售运营的深度发展。

其中，推进数字化转型战略，打造以消费者为中心的数字化运营能力，是波司登在竞争激烈的全球市场中取得成功的基础，也是波司登在实践与变革中始终坚守的核心观念。波司登在数字化转型过程中的探索为正在转型或者将要转型的传统企业提供了方向。

波司登的数字化基因

2020 年，新冠疫情暴发之初，波司登在全国的门店几乎全部闭店歇业。在线下门店无法开展业务时，波司登迅速调整销售策略，采取离店销售，通过线上直播引流，以线上交易和无接触服务等方式为消费者提供安全、多样的消费体验。2020 年"618"期间，波司登品牌在天猫平台的销售额同比增长超 100%。

复杂的外部环境使数字化更快地来到我们面前，很多企业在这场数字化大潮中掉队，而那些提前做好准备的企业却塑造了新优势。正如波司登之所以能快速应对闭店危机，是因为它自身具备的数字化基因，以及前期为数字化转型所做的努力——"智改数转"[⊖]。

实施"智改数转"，是提升企业核心竞争力的必然选择。波司登很早就认识到了这一点，在 20 世纪 90 年代中后期就开始了"智改数转"的尝试。

1997 年，波司登在每件衣服的合格证上都嵌入了条形码，支持终端手工输入，统计市场数据，建立起最初的数据中心，以数据为依据管控成本、控制库存。

　⊖　智改数转，即智能化改造和数字化转型。

2012 年，波司登构建以 ERP 为核心的信息平台，将公司管理制度和业务控制制度等融入其中，对全国营销系统和数千家终端门店进行有效管控。

2014 年，波司登掀起"智改数转"浪潮，由于物流系统是波司登运营体系中最薄弱的环节，公司决定从这一环节入手。当时，波司登在全国有 108 个仓库，让这些仓库里的货物快速流转起来、实现商品一体化运作是极大的挑战。为了解决这一难题，波司登与阿里云合作搭建"零售云平台"，实现从前端销售到后端制造的全覆盖，推进全价值链改造。

2020 年以来，新冠疫情深刻影响着全球贸易格局和消费形态，外在环境、竞争形势、客户需求等多种不确定因素交织，数字化成为中国制造业面向未来最确定的趋势和机遇。波司登继续发力"智改数转"，向科技要效益。

针对纺织服装行业普遍面临的"三高一低"（高毛利、高费用、高库存、低净利）痛点，波司登从被动变革思维转化为主动创造思维，坚持以消费者为中心，用全球视野对品牌进行高点定位，创新顾客价值，形成有效供给，拥抱数字经济，布局全渠道新零售。为此，波司登将"智改数转"作为企业"新基建"的核心发力点，着力以"智改数转"赋能价值成长，勇攀行业"智"高地。

通过"智改数转"，波司登打通了企业生产经营的全过程，促进互联网技术和羽绒服传统生产模式深度融合，探索柔性快返、个性定制新模式，在全局性、体系化、更深层次的业务逻辑上全面向数字化经营企业迈进，实现品牌提质增效和高质量发展。

波司登的数字化探索带给我们的启示是，企业要真正动起来，让自己成为一家拥有数字技术的公司，把自己的商业模式和组织运行模式都变成数字化模式，不要让数字化停留在理念上。

三大核心做法

为了实现企业的数字化转型，波司登采取了三大核心做法。

做法一："全国一盘货"的高效流通

改变物流系统，需要改变门店"进销存"模式，由传统批发模式转变为现代零售模式。波司登根据数字化、自动化、智能化的发展趋势，提前预判商品一体化发展方向，前瞻性地对全国物流网络进行科学规划，建设了服装行业最先进的智能配送中心（CDC），在全国分布式部署了华东、华北、青岛、华中、西北、西南、东北、哈尔滨、乌鲁木齐 9 大库区$^{\ominus}$，服务所有线下直营门店、经销门店及电商业务。其中，华东库区是最大的配送中心，日均处理能力达到"入库 50 万件 + 出库 50 万件"。

基于"全国一盘货、线上线下融合共享"的理念，波司登在行业

$\ominus$　此处的华东、华北、华中、西北、西南、东北不等同于地理分区。

内首创以一套物流管理系统管控所有库存的模式，搭建高度集成的、智能的、共享的、覆盖全国 4000 多家线下门店及线上消费者的物流管理平台，利用"CDC 直接分发至门店、消费者"的一级配送流程，实现全国所有门店及线上消费者的直接配送。CDC 不仅负责商品的入、存、铺、补、退、调及运输配送，而且肩负着部分数据管理的责任，包括供货商送仓或市场退货入库、分拣及上架。它能根据市场销售状况，结合不同策略实施库位配置、产品存储；过程中根据每一笔订单信息（主要包括订单数量、重量、体积），结合社会运输配送资源的特长、运输成本及时效等约束条件，由系统为每一笔订单自动匹配运输配送资源，并对揽收、分拨、在途、签收等环节进行全过程数据采集和监控，不断优化补货可得率、库销比等指标，更快速、更精准地响应消费者需求。

凭借高度智能化的物流网络，2020 年新冠疫情初期，波司登在全国的 9 大库区统一行动，克服了人员调配、交通管控等多重困难，紧急调集 15 万件高品质羽绒服快速驰援湖北武汉及全国各地最急需的地方。

做法二：供应体系全链协同

早在 2010 年，波司登就投入近亿元资金引进世界领先的智能化生产线（见图 9-1），开始实施智能化生产。其后，波司登还广泛应用智能装备，实施"机器换人"，得益于单件流、吊挂流、部件流智能化生产线的创建与普及，其生产制造、实验检测、物流配送等核心环节装备数控化率超过 90%。

图 9-1　波司登智能化生产线

　　走进波司登智能制造生产基地，我们会看到这样的场景：在智能化模板机前，工作人员有条不紊地将衣片固定在模板上，启动按钮，整个衣片便从自动缝纫机上"驶"过，线迹均匀，针距标准。裁剪区、验片区、模板缝制区、特种工艺加工区等板块间分工明确，相互配合，极大地提高了生产效率。自动剪裁，智能吊挂流水线，模板辅助生产……搭载了一系列"黑科技"的羽绒服制作完成后进入智能配送中心仓储区，由机器人"操作工"自动导航运送到作业区接受拣货。

　　2019 年起，波司登便在数字化赋能下打造智能工厂，建设柔性供应链，提升商品快返能力，实现了柔性快返、品质卓越、成本领先。波司登还自主研发了一套具有独立知识产权的 GiMS 服装智能制造系统（见图 9-2），实现可视化流程（VPM）、工艺技术（ETCAD/GST/CTI）、智能排产（APS）、制造执行（MES）、品质控制（QMS）、绩效管理（PM）、设备管理（EMS）的数字化，使这些环节与自动化设备、ERP、上游门户等集成互通，支持 OEM（定点生产）、小单快返、个性化定制等多种模式，使整个生产流程达到自动化——订单自动接收、自动排版、自动铺布、自动裁剪、自动充绒、半自动缝纫、自动吊挂，在全行业率先实现所有设备互联互通和实时与市场信息连接。

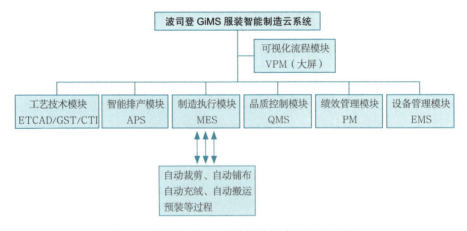

图 9-2　波司登 GiMS 服装智能制造系统逻辑简图

　　波司登还应用数字化三维设计，建立产品数据管理系统（PDM），以大数据驱动季前开发、季中改款、个性定制，端到端全流程打通智能研发设计，协同高效精准设计，满足消费者需求。同时，以大数据驱动后端生产与前端销售高效协同，实现高级排程、柔性生产、数字化作业、全程可追溯（见图9-3）。通过这些变革，波司登实现了系统高度集成，构建起可集中管控、可敏捷优化的一体化智能生产体系。

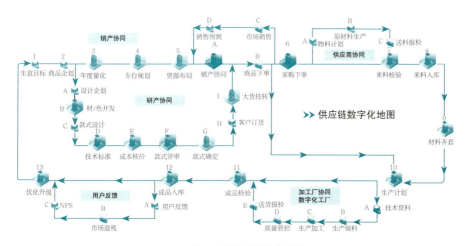

图 9-3　波司登供应链数字化地图

除此之外，通过与工厂及销售终端的数据打通，波司登以"互联网＋大数据＋智能制造"打造行业领先的供应链体系，快速响应市场需求。行业首创的自动充绒、自动包装、自动模板等关键技术装备，可实现跨行业对标、部件化生产、部分流程无人化作业，并将快返周期稳定在 7～18 天，完全打破了传统批量成衣 150 天的订单周期。

供应体系全链协同是数字化发展的必然趋势。作为行业头部品牌，波司登在行业创新方面率先投入，为自主服装品牌供应链变革探索了创新路径。现在，波司登正加快构建供应链上下游多方协同平台，打通前端销售、中端库存与后端供应链的流程，把数字化应用场景拓展到服装生产工厂、原材料供应商、国家级实验室、专家级技术中心、产品研发中心、智慧门店及个人定制服务等业务领域，构建优质快返供应链协同管理体系。

做法三：数字化营销撬动消费升级

数字化不只是简单的技术变革，更是一场经营与管理革命。波司登以数字化营销赋能新零售，驱动品牌"内调外销"，实现线上线下全网全渠道融合，在消费者研究、精准营销、商品一体化运营、导购运营等多领域进行创新与探索，构建以消费者为中心的全链路数智化升级能力。

波司登深度集成 AFS（服装和鞋类解决方案）、GiMS（服装智能制造云系统）、EWM（仓储物流管理系统）、CRM（客户关系管理系统）、iSCM（智能供应链管理平台）、HR（人力资源）等数据采集与分析系统和功能，建立全域、全链路数据中台，深入挖掘门店、电商、渠道、会员、研发、生产供应、工厂制造、物流等数据的价值，以数据赋能运营，实现科学决策，提升效率。波司登还强化人工智能分析，如人货匹配、商渠匹配、销售预测等，支撑智能化生产、个性化定制、网络化协同。同时，应用新技术，构建"三个体系，一个中心[⊖]，三重防护"的安全保障体系框架，增强企业信息系统抵御风险的能力，为数字化运营提供保障。

通过消费者标签、商品标签、渠道标签体系的建设，波司登整合企业内部大数据及外部反馈，助力对消费者的洞察和研究，提升产品研发有效性和供应链快反能力。以大数据精准圈选目标人群，提供更精准的消费者互动和服务，实现市场精准营销、商渠精准匹配、商品智能运营，提升了精准营销能力和商品运营效率。

波司登还积极重构消费者关系，精准运营顾客，建设柔性供应链，提升商品快反能力，实现"线下门店 + 线上云店"协同发展，实现产销到销产的双向互动。线下，波司登不断匹配战略升级渠道，全力拓展核心商圈内的购物中心、时尚百货等主流渠道，尝试拓客拉新、离店销售、社群营销等新零售手段，并邀请国际知名设计师团队打造门店形象，提高消费者体验。线上，波司登大力推动精准会员经营，导入"粉丝"种草、红人直播等新零售方法，用新打法多触点连接数字化时代消费人群，赢得国内外主流消费者的喜爱。

2021 年以来，波司登积极开展数字化门店管理系统建设（见图9-4），对消费者行为进行数字化解读分析，以零售运营管理 RCM 系统为基础，对消费者过店、进店、接待、拿起、试穿、成交等数据进行采集和分析，为生产提供决策分析与支持。波司登还在终端

⊖　"三个体系"是指安全管理体系、安全技术体系、安全运行体系，"一个中心"是指安全管理中心。

店铺建立门店物联系统，实现门店与人的连接，自动采集过店客流、客流动向与停留时间等信息，提高现场管理和陈列水平，提升门店的客流转化率、连单率与客单价（见图9-5）。

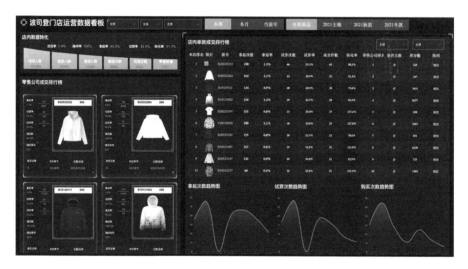

图9-4　波司登数字化门店管理系统1

未来，波司登还将通过"云（软件系统）+端（多媒体智慧互动屏）"的形式，在全国选取试点门店进行数字化门店建设，使门店从物理载体转变为虚拟载体，进行消费者数据采集和收集，通过多媒体智慧大屏等强化与用户互动。

数字化营销为企业开展个性化定制提供了系统支撑。2019年以来，波司登定制云平台在全国400家门店推广应用"私人定制"项目。消费者可以在门店POS系统完成下单流程，系统自动把定制款式、消费者个人喜好和尺寸下发给技术部门用于制作技术资料，并

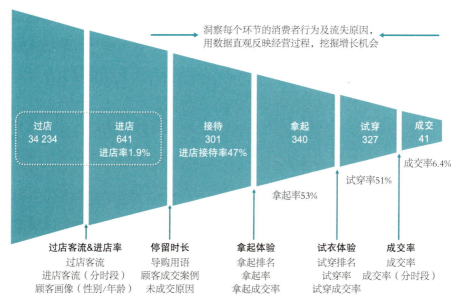

洞察每个环节的消费者行为及流失原因,用数据直观反映经营过程,挖掘增长机会

过店	进店	接待	拿起	试穿	成交
34 234	641 进店率1.9%	301 进店接待率47%	340	327	41

成交率6.4%

试穿率51%

拿起率53%

过店客流&进店率
过店客流
进店客流(分时段)
顾客画像(性别/年龄)

停留时长
导购用语
顾客成交案例
未成交原因

拿起体验
拿起排名
拿起率
拿起成交率

试衣体验
试穿排名
试穿率
试穿成交率

成交率
成交率
成交率(分时段)

图 9-5　波司登数字化门店管理系统 2

上传至 GiMS 系统,智能分配工厂生产,生产完毕后,工厂实时调用、打印快递公司面单并自动通知快递公司揽收,配送至消费者。从门店到技术、生产、物流,全链路联通且可视。定制交货周期最快仅需一周,达到行业领先水平。此外,波司登还开展了各类团体定制服务,如为中国南极科考队定制极地功能性羽绒服,为丰田公司定制特殊防寒测试服装,这既提高了用户体验和满意度,又收获了波司登在专业领域的"羽绒服专家"口碑。

主动拥抱数字化变革,波司登收获的不仅仅是回归商业本质、回归顾客价值的"真经",更是能让企业在未来竞争中获胜的核心品牌资产。在 2020 年 7 月我国工信部公布的 40 家"2019 年企业上云典型案例"中，波司登"零售云平台"是服装行业唯一入选的"上云"案例。

连接共生智能生态

在数字化转型的过程中，波司登积极与其他企业、高校院所、互联网行业巨头开展产学研用深度合作，共建智能制造新生态。

波司登与SAP、IBM、德马泰克、上海宝开、北京极智嘉等企业强强联手、高效协同，联合开展项目研究与实践。各方选派骨干联合共创攻关，重点解决智能工厂、智慧仓储、智慧物流、下游智能制造推广等技术难点和行业痛点，实现关键智能化装备、行业化软件的创新与突破，探索合作培养智能制造专业化人才以及示范推广发展的新模式。

波司登与江南大学开展校企合作，组建IoT（Internet of Things，物联网）联合实验室，共同开展边缘计算技术应用、AMR（智能移动机器人）研发等课题研究。其中，边缘计算技术的研究和应用精简了波司登智能配送中心的多家物流设备集成商，对复杂、庞大的多中心部署的WCS（仓储控制系统）进行了优化，提升了自动化设备的运行稳定性，减少了自动化设备相互间的干扰，确保了物流的高效运行。

波司登还与阿里巴巴、腾讯等达成战略合作，利用阿里巴巴的数据中台技术，重点围绕零售、商品两个领域开展数字化探索工作，推进全域数据中台建设。

通过协同业务伙伴、产业伙伴，波司登开展了一系列围绕数字化顾客价值创造与获取的多主体商业活动。企业成长的动力来源于数字技术支撑下的企业价值网络之间的协同，效率来源于共生关系构建的主动协同增效。连接、协同、共生使波司登更好地集合智慧与力量去创造单一企业无法创造的价值，获得了更多价值创新与非线性成长的机会，同时也释放了更大的系统效率。

波司登数字化转型成果

在数字化转型的过程中，波司登全力打造"1 个门户（移动办公平台）""3（用户运营平台、零售运营平台、商品运营平台）+2（综合管理平台、财务管理平台）个数字化平台""1 个数字协同平台（数字银行 + 智慧大脑）"（见图 9-6），构建了一个完善的数字化系统，实现势能要素的共创、共享、共用，最大化地创造和捕获顾客价值，提升经营管理效益，达到全业务、全流程、全触点的"智改数转"目标。

通过推进"智改数转"，波司登从根本上扭转和解决了服装行业供应与消费者真实需求不匹配、库存积压和结构性缺货等痛点问题，并取得了显著的成效。

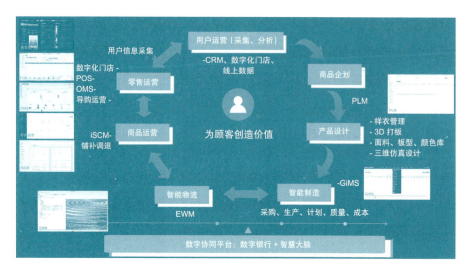

图 9-6   波司登数字协同平台

后端生产：建成一流的智能制造工厂——世界上规模最大、技术最先进的羽绒服装生产自有基地，工厂年吞吐量近 2000 万件。

中端物流：建成中国服装行业最先进的智能配送中心，更快、更精准地满足消费者需求，实现全国所有门店、消费者的直接配送，以及从门店到工厂再到配送的互联互通。部署全国 9 大库区，不仅更快速地响应市场需求，还能实现货品全国共享。

前端销售：推动线上线下一体化运营，以直播、社群运营、离店销售等崭新模式，触达新时代消费人群，不断提高市场占有率，助力业绩增长，巩固品牌在全球市场的领先地位。

数字化转型使波司登的经营效益节节攀升。2018～2020 年波司登的营收、利润实现领跑服装行业的高增长，三年营收年均增长率达 25%，利润年均增长率达 30%，羽绒服规模总量全球领先。更重要的是，通过"智改数转"提质增效，波司登的品牌知名度进一步提升，"羽绒服专家"地位更加巩固。益普索（Ipsos）开展的品牌健康度追踪报告显示，波司登品牌认知及第一提及率均处于中国服装行业领先地位，其中净推荐值（NPS）高达 55，品牌美誉度高达 8.96，持续保持超过 60% 中国消费者心目中"首选的羽绒服品牌"的地位。

波司登的实践表明：数字技术与传统制造业的深度融合，可以撬动场景再造、业务再造、管理再造和服务再造，驱动品牌全面迸发新活力。同时，加快传统制造业"智改数转"，发挥龙头企业引领带动作用，可以为广大中小企业加快数字化转型提供有益借鉴。

波司登创始人高德康认为，企业数字化能力既是技术能力，更是业务运营能力，必须实现技术与业务的高度融合，才能取得较好的效果。波司登在数字化转型方面的探索和实践只是刚刚开始，"一切业务数据化，一切数据业务化"是波司登数字化转型的最终目标。

Digital Transformation
of the Organization

第 10 章

数字化转型
塑造首钢股份发展新格局

企业数字化转型的核心三要素是业务、技术和
组织。其中，业务是载体，技术是驱动，组织
是保障。数字化转型的成败，取决于组织和组
织中的人，即组织结构、人的意识、能力提升
方法是否转变。

Digital Transformation
of the Organization

　　始建于 1919 年的首钢集团，是我国钢铁工业的缩影，更是改革开放的一面旗帜。进入 21 世纪，首钢集团实施了史无前例的大搬迁，成为我国第一个由中心城市搬迁至沿海发展的钢铁企业。立足新时代，作为首钢集团下属的境内唯一上市公司、首钢钢铁管理平台，首钢股份充分认识到数字化转型是一场广泛而深刻的变革，既要立足当下、精准投入，一步一个脚印地解决好"一业多地""信息孤岛"等具体问题，积小胜为大胜，又要放眼未来、持续投入，抓住新一轮科技革命和产业变革带来的机遇，大力推进数字技术和钢铁行业的深度融合，通过数字化重塑传统钢铁业，打造具有全球竞争力的世界一流企业。

　　经过多年发展，首钢股份已经实现搬迁调整后产品结构的"华丽转身"，汽车板、电工钢、镀锌板等战略产品的市场占有率稳居全国前三，进入与世界一流钢铁企业同台竞技的新时代；与 19 家《财富》世界 500 强、36 家《财富》中国 500 强企业稳定合作，产品广泛应用于港珠澳大桥、乌东德水电站等"大国重器"；大力实施"制造 + 服务"战略，推动管理变革，营造"提高效率、提高效益、提升价值"的发展新生态。而塑造首钢股份发展新格局的，正是首钢股份数字化转型的生动实践。

构建产销一体化经营管理系统

首钢股份在唐山迁安市（迁钢基地）、北京顺义区（顺义冷轧基地）和唐山曹妃甸区（京唐基地）拥有三个高端板材生产基地。这三个生产基地都配套建设了 ERP、MES 等信息系统，用于支撑板材生产管理体系。由于分开建设、独立运营的历史背景，三个基地在产品规范、制造标准、业务流程、信息系统等方面存在不同程度的差异，由此出现了很多问题，如产品销售职能割据，客户服务不统一，客户订货感受不好；客户需求不能准确识别并传递到生产环节，产品质量的稳定性差，生产管理精细化程度低；采购职能相对分散，无法发挥规模化采购的优势；信息系统的数据体系不统一，跨基地业务协同效率低。

"一业多地"的经营发展格局对钢铁业界面贯通、业务协同、数据拉通、管理信息与资源整合共享、优势互补提出了新的要求。与此同时，市场的不断变化和客户需求的持续升级也要求产品高端化与个性化、客户服务精准化，这急需数字化转型来做支撑。在首钢集团的推动下，首钢股份决定全面重构 IT 系统，建设钢铁产销一体化经营管理系统。

管理层高度重视，公司上下统一思想认识

钢铁产销一体化经营管理系统涵盖面广，业务量大，程序复杂，涉及生产、销售、采购等 11 项管理职能，实施难度巨大。为此，首钢股份在项目组织层面成立了集团公司和股份公司领导参与的领导组，从各基地抽调业务骨干全脱产专职推进项目，并从各个职能部门抽调员工半脱产兼职参与项目，总计投入 400 余人。

因为是管理变革，首先要对标先进，要学习、借鉴先进管理模式和方法，因此，项目团队结合首钢股份的特点，多层次、多维度收集、分析首钢股份与先进企业的管理差异，提出优化建议和系统功能需求。不过，这些建议和需求能否落地，还需要更深层次的思想统一，于是，项目团队又通过自下而上与自上而下相结合的方式，历时 9 个月组织了多层次的业务交流与方案评审，了解各层次人员的顾虑和问题，统一公司上下的思想认识。其中，股份公司总经理亲自参与会议十多次，最终确定了 608 项新业务流程。

由于新系统承载的业务模式、数据标准与原有系统差异极大，而新系统上线之日就是原有系统停机之时，必须保证新旧系统切换一次成功，因此，在 5 个月的系统测试和上线过程中，公司又全体总动员，积极学习新的业务流程和系统操作方法，使新系统的顺利

投运得到有效保障。

调整组织架构，完善管理职能

钢铁产销一体化经营管理系统的目标是实现产销一体化、管控一体化、业财一体化，要达成这个目标，组织架构必须同步调整，否则无法保证新业务模式的顺畅运行。首钢股份是大型国企，内部利益关系错综复杂，组织架构的调整难度很大。尽管如此，在高层领导的积极推动下，营销中心和采购中心最终还是顺利建成，实现了营销和采购职能的统一。

为了更好地为客户创造价值，营销中心从生产基地抽调了 34 名技术人员，强化产销平衡和客户服务职能。为了确保生产全流程步调一致、适应市场变化，首钢股份又对职能部门和作业部门的管理职能进行了调整，在生产制造体系构建了"合同一贯、计划一贯、质量一贯、物料一贯"的集中一贯管理模式。

重视数据标准体系的建设

以往首钢股份在进行信息化建设时，不太重视数据标准体系的建设，导致数据口径不一、数据来源混乱。这次改革首钢股份吸取了教训，新系统建设同步开展了数据标准体系的建设，核心是对主数据和基础数据进行定义和管理。

　　主数据包括客户、产品、供应商、物料等，是有很高业务价值、能跨流程和跨系统重复使用的数据。基础数据包括订单类型、冶金规范、生产途径、点检标准、物流方案等，是对业务事件或场景特征的数字化、结构化描述，首钢股份将其形象地称为"业务代码"。

　　过去，首钢股份不太重视业务代码的设计以及代码值域内容的编制，导致业务定性表述多、流程人工干预多、数据质量不高，这次组织大批业务人员以脱产方式编制业务代码，共编制 1115 个。数据标准的统一为后续数据价值的挖掘打下了坚实的基础。业务代码与业务规则定量化描述相结合，极大地保障了业务流程的顺畅流转以及跨部门业务的衔接。

持续推进，以始为终

　　数字化转型的基础是信息化建设，很多企业把 IT 系统当作项目来做，很少关注系统上线后的应用情况和效果，导致系统在应用过程中逐渐走样，偏离当初的设计思想。但对首钢股份来说，新系统的上线不是管理变革的终点，而是新的起点。系统上线后，首钢股份仍持续推进其应用，将新业务体系的精髓植入全体员工的意识和习惯中。

　　这场管理变革历时三年完成，通过在组织、流程、数据、系统等多方面的资源整合、聚合、贯通，构建了"同一语言、同一标准、同一平台、同一文化"的业务运行体系，实现了业务链条纵向、横向以及端到端的全面打通。

在 IT 治理架构上，形成了业务部门纵向管理、IT 部门横向协调的矩阵架构；在系统变更需求管理上，以市场和客户为导向，重视业务流程的持续优化、业务效率的持续提升；在数据分析应用上，重主题、轻报表，打破部门界限、实现数据共享，鼓励业务人员开展可视化自助分析，营造以数据说话的氛围。

通过两年的持续推进，首钢股份达到了流程在系统中贯通、业务在系统中协同、权力在系统中受控、知识在系统中传承的管理目标。

打造全价值链运营数字孪生系统

首钢股份在市场上几乎没有流通的产品，对终端客户企业的直销比在 90% 以上，服务模式以线下点对点为主。但随着产品结构的调整和客户需求的改变，原有产销协同体系无法精准满足客户的多样化需求，无法快速响应市场的变化，所以，产销协同体系的重构成为 IT 系统重构的重点。这一变革大大提高了从客户下单到客户收货的全价值链的运营和协同效率。

钢铁产品由传统基建用材料转变为功能型材料后，客户会结合自身制造工艺及使用方式提出对钢铁产品质量特性的需求，这些需求既复杂又多变。因此，在处理订单时需要人工来评审客户需求、设计生产参数，这导致效率低下，而且容易下错生产指令。重构产销协同体系后，订单处理模式得到优化：通过将客户需求结构化形成产品规范码、将生产工艺参数知识化形成冶金规范码，用户订单录入后就会自动完成合同处理，生成生产工艺参数、尺寸精度要求、表面质量要求、质保书要求等信息，并下达到生产现场，销产转换效率大大提高。

钢铁生产的特点是装备大型化、生产规模化，但客户的个性化需求增多后，每次订货的数量相应减少，以前一个订单都是上千吨，现在百吨以下的订单占比 70%，这给生产管理带来很大困难，满足客户交付需求的难度也随之变大。而"四个集中一贯"管理模式的构建与新系统的支撑，实现了生产过程的精细化管控，以及订单排产、生产进度、质量实绩、物料状态、异常情况等各种信息的实时可视、动态可控，生产周期由此缩短 4～5 天，各工序库存降低 6.1 万吨。

客服体系涉及的部门和人员很多，为了提高协同效率，首钢股份将产品开发认证、质量投诉处理、质量分析改进、产品仓储物流等客户服务各环节的工作都转为线上化。同时，在供应链生态协同体系的打造上，首钢股份积极采用互联网新技术，构建二方电商平台，客户可以在电商平台上自助下单、配款、提货、结算；与一汽、美的、中集等客户进行电子数据交换（EDI)，在流程交互、数据共享上实现了无缝对接。

虽然首钢股份的高端产品开发起步较晚，且完全自主进行，但借助产销研协同推进机制、产品先期介入（EVI）开发模式、三级客户服务体系，首钢股份快速实现了渠道向终端、品种向高端、技术向前端，这为其成功跻身宝马等世界知名企业的"朋友圈"提供了强大支撑。凭借技术创新、质量零缺陷和一站式服务，首钢股份成为宝马第一大供应商，荣获宝马颁发的"质量卓越奖"。

全价值链运营虽然实现了流程贯通、信息共享，但是在具体业务操作环节仍存在着人工干预，运营环节的优化还依靠人工经验，为此，首钢股份在 IT 系统的基础上引入了大数据和人工智能技术，采用模块化搭积木的方式建设了企业运营数字孪生系统。在建设过程中，针对客户营销价值、制造效率与质量的提升，首钢股份构建了业务决策模型，对业务活动进行描述、诊断、预测、优化，实现业务数据的一键统计、业务问题的可视展示、异常原因的动态管控、业务决策的优化，从而使数据成为驱动客户价值创造的新要素。由此，首钢股份将采购、生产、销售、库存、财务等内部数据聚合在一起，综合数据汇聚、存储、计算、建模等技术，实现了物理空间与赛博空间的交互映射。

首钢股份充分认识到：只有为客户创造价值，才能创造自己的价值，首钢股份与客户是利益共同体。而数字化转型让"与世界一流企业共舞""客户是最大的领导""成为全球一流的高端材料服务商"等理念和追求逐渐成为现实。

从自动化控制到智能制造

经过搬迁调整、管理变革，首钢股份焕发出新的生机，成为高端板材领域的后起之秀。首钢股份因此进一步明确了走高端精品、产品领先的路线，致力于发展成为具有世界竞争力的钢铁企业、全球一流的高端材料服务商。但对钢铁制造企业而言，要提升竞争力，关键在现场。在钢铁制造过程中，工况环境复杂、控制精度严苛、应用场景丰富，以智能制造为核心提升现场控制能力成为必由之路。

秉承"产品高端化、产线先进化"的建设理念，首钢股份主要生产线引入了西门子、西马克、TMEIC、中冶南方等知名装备制造企业的先进生产装备，关键工序全部应用PLC（可编程逻辑控制器）、DCS（分散控制系统）、工艺模型等，使各生产工序实现了自动化。在此基础上，为了使自动化控制转为智能制造，首钢股份又从2016年开始以电工钢生产区域为试点探索智能工厂的建设。

实现少人化，摆脱对人工的依赖

智能工厂建设的第一步是少人化或者无人化。虽然生产线运转都是由自动化系统控制的，但是在辅助作业环节还存在着大量的人工操作，于是，首钢股份引入机器人、机器视觉等新技术来提升感知能力和执行能力。在电工钢生产区域，拆捆带、贴标签、取样板、上套筒、加油等人工作业环节陆续有机器人上岗，在其他生产区域，

"机器换人"的情况也越来越普遍。

截至 2022 年，首钢股份已经在 20 种不同场景中使用了 129 台套工业机器人。机器人的应用，不仅使员工远离脏累苦和危险的作业现场，也使操作过程更加标准化、规范化，生产过程的异常因此大大减少。

钢铁产品重量大，各工序的半成品需要起重机械来进行搬运，这些起重机械在钢铁厂被称为"天车"，天车安装在用于衔接上下游工序的仓库中，需要大量的工人进行操作，这些工人的工作环境恶劣、劳动效率低下。而且，仓库对半成品的管理严重依靠人工也导致了随意性大、物料跟踪困难、账物不符等问题。为了提高这些环节的效率，首钢股份将汽车自动驾驶原理应用于天车操控，并基于 AI 算法构建调度模型，生成各类作业指令，实现了仓库天车自动驾驶，使智能仓库初具雏形。

随着 5G 技术的深入发展，首钢股份又将 5G 运用于智能仓库，满足了各类视频和控制信号传输大流量、低时延、高带宽的要求。目前，首钢股份已经建成 15 个无人化智能仓库，其中包含 7 个 5G 智能仓库。智能仓库颠覆了过去的仓储物流管理模式，对作业流程进行重构、整合、优化，实现生产环节和物流环节一体化协同，通过 AI 调度模型动态优化，大幅提升库存周转效率。

钢铁生产过程是动态的，人、机、料、法、环、测各个要素随时都在发生变化，虽然首钢股份的关键工序都有工艺模型控制生产过程，但各个要素条件的变化导致控制精度下降、人工干预环节增多，产品质量的稳定性因此大受影响。首钢股份大力推行生产机组的"一键式控制"，机组只需按一个启动键，整个生产过程不需要人工干预。

这也为智能化技术的应用提供了实践机会，以前有些环节需要操作人员观察现场生产状况，现在通过图像识别技术来进行智能监控即可。以前工艺模型存在控制策略不完善、控制精度差等问题，现在可以用 AI 算法基于生产过程的海量数据进行优化。将工艺原理和 AI 技术相融合，为传统控制向智能控制转变开拓了一条新路。

现在，首钢股份有 50 个机组实现了"一键式控制"，这为现场操作岗位的合并、集中创造了条件。5G 技术的应用打破了空间的限制，使操作人员可以通过视频监控设备运转情况，为操作人员在操作监控室远程操控打下了基础。以前一条生产线上有很多操作人员分布在各个机组或区域，现在操作人员只需要在一个操控室里就可以完成对现场生产状况的监控。这不仅提升了劳动效率，锻炼出不少全线通、岗岗通的多技能操作人员，而且强化了不同岗位之间的沟通和融合，打破了岗位间的边界，提升了岗位间协同的效率。

构建工业大数据平台，让沉睡的数据苏醒过来

首钢股份有 174 条生产线、43 034 台套设备，这些设备每天都在产生大量的生产过程数据，现场生产工艺、设备参数、检化验、

能源、计量、环保数据，采集量超过 24 万项。这些数据之前只是存储下来，用于设备出现故障之后进行分析，而且是相互孤立的，上下游工序的数据没有贯通，不同生产环节的数据没有融合。随着大数据技术的发展，让这些沉睡的数据苏醒过来成为当务之急。

首钢股份以电工钢区域为试点探索工业大数据技术的应用，自主构建了工业大数据平台，并扩展到了公司其他生产线。工业大数据平台将生产过程数据和业务系统数据融合，每天采集吨钢 5.7MB 的全类数据，结合业务知识对数据进行清洗、转换、处理，以支撑数据监控分析、过程控制优化、设备在线诊断、生产管控优化、业务智能决策等领域的数据挖掘与应用。

随着应用广度和深度的扩展，工业大数据平台不断迭代、优化，之前是云端架构，即所有数据都汇集到公司的私有云，现在则正向"云边端"三层架构发展，以更好地支撑不同层级的数据应用。

建立一贯制质量管控平台，精准控制产品质量

在产品质量控制上，不仅单个机组影响产品质量的因素众多，上工序产出的半成品质量对下工序的质量控制影响也很大。以前各个工序只站在本工序的角度控制产品质量，现在，随着数据的互联互通，首钢股份建立了一贯制质量管控平台，实现了全流程产品质量的精准控制和快速改进。

通过一贯制质量管控平台，首钢股份以毫米波频率采集各工序

的工艺和设备数据，实现对产品过程中尺寸、温度等关键控制点的质量在线判定，由原来的通卷均值判定提升至通卷分段曲线判定，自动判定率达98%，判定周期由30分钟缩短到5分钟，提高了质量过程控制的效率；实现了上下工序的缺陷追溯以及跨工序的质量分析，表面质量数据与工艺数据同框定位，各个工序可以快速找出质量缺陷的影响因素，后工序发生缺陷可以追溯是否为前工序产生并"遗传"，大大提升了质量分析和改进的效率，并且使质量降级品率降低17%。

作为复杂系统，钢铁生产过程本身存在着很多不确定性，而客户对高端钢铁产品的个性化需求在增加，针对高端客户的服务和交付也充满了不可预知性。为了在规模化生产与小批量、个性化需求之间找到平衡，也为了提升质量的控制精度和稳定性，首钢股份一直以流程协同、岗位协同、数据融合、界面融合为核心思想实践智能制造，本着经济实用的原则融合数字技术与传统生产方式，并取得了丰硕的成果："一键炼钢"获冶金行业科技进步一等奖，"硅钢—冷轧智能工厂"获工信部试点示范项目，"智能在线检测"获工信部智能制造优秀场景。

多元化培养数字化人才

企业数字化转型的核心三要素是业务、技术和组织。其中，业务是载体，技术是驱动，组织是保障。数字化转型的成败，取决于组织和组织中的人，即组织结构、人的意识、能力提升方法是否转变。

首钢股份是搬迁调整新建工厂，员工平均年龄小、学历高，基于此，公司一直致力于打造学习型组织，高度重视管理、技术、操作等方面人才的培养。因为首钢股份深知，数字化转型的成功落地有赖于数字化人才，尤其是既懂业务实操又懂 IT 知识，既能准确挖掘业务流程中的数字化需求又能敏锐地洞察未来业务发展趋势的人才。

因此，在业务运营领域，首钢股份在信息系统重构的过程中抽调大批核心业务骨干参与项目建设，以"干中学"的方式快速培养出一批人才。在后续信息系统持续应用及功能完善的过程中，首钢股份又以"干中带"的方式通过这批人才培养出更多的人才。在生产过程控制领域，首钢股份长期以来大力培养自动化人才，同时与首钢集团旗下首自信公司合作，构建协同创新机制，组建工艺、自动化、信息化复合型团队开发生产过程中的智能化应用，并通过实践快速提升数字化技能。

数字化转型的本质是数据驱动，数据分析和应用能力是数字化人才的重要技能。首钢股份早在 2010 年就引入了六西格玛管理，在产品开发、质量管理领域形成了数据分析的氛围与机制，这为后续"数据 + 算法"的应用创造了条件，一批 MBB（六西格玛黑带大师）和 BB（六西格玛黑带）成为公司业务智能决策模型开发与应用的主力军。为了将数据分析的思路和方法推广到公司各个业务领域，首钢股份借助 BI（商业智能）平台大力推进业务数据自主可视化分析，定期组织优秀可视化分析案例分享，更多业务人员因此成为数据分析专家。

除此之外，在持续完善各类人才职业生涯全生命周期培养与发展体系的过程中，首钢股份还将数字化转型理论与实践应用内容纳入培训课程，将数字化技能水平纳入层级晋升评价标准，为员工数字化能力的提升保驾护航。

六个"赋能"重塑未来发展格局

围绕数字化新型能力建设，首钢股份策划实施系统性解决方案，促进业务集成融合，推动业务体系和业务模式创新，全面促进制造体系、运营体系、服务体系、生态体系的数字化、平台化，使公司向智能工厂演进、由人工决策向智能决策转变。在这个过程中，首钢股份获得了充分赋能，未来发展格局由此得到重塑。

赋能产品创新能力

加强产品创新、产品研发过程创新，开展面向产品全生命周期的数字化设计与仿真优化，不断提高产品附加价值，缩短价值变现周期。建立产品质量设计仿真平台，实现从智能识别客户需求到产品仿真设计，再到现场生产验证的产品设计闭环管理，为新品工业化生产和工艺优化提供依据和方向。

赋能生产与运营管控能力

以优化智能生产与现场作业管控为抓手，纵向贯通生产管理与现场作业活动，实现生产全过程、作业现场全场景集成互联和精准管控，提升全面感知、实时分析、动态调整和自适应优化等能力；以实现数字化运营管理为目标，横向打通各环节的生产经营活动，实现运营管理各项活动的数据贯通和集成运作，提升数据驱动的一体化柔性运营管理和智能决策能力；不断提升信息安全管理水平，实现信息安全动态监测和分级分类管理，提升信息安全防护和主动防御等能力。

赋能客户服务能力

加强售前需求定义，动态分析用户行为，基于用户画像开展个性化、场景化的用户需求分析、优化和定位；加强售中快速响应，以用户为中心构建端到端的响应网络，快速、动态、精准地响应并满足用户需求；加强售后创新服务，基于数据共享和业务集成创新服务场景，提升延伸服务、增值服务等能力，通过全链条用户服务最大化地为用户创造价值，提高用户满意度、忠诚度。

赋能生态合作能力

加强与供应链上下游、用户、技术和服务提供商等合作伙伴之间的资源、能力和业务合作，基于互联网、区块链等技术构建优势互补、合作共赢的协作网络，形成良性迭代、可持续发展的合作生态。

赋能员工发展能力

赋予员工价值创造的知识和技能，为员工提供平台化的知识、技能共享服务，帮助员工快速提高效率和胜任力，提升员工创新能力，激发员工价值创造的主动性，挖掘员工的数字化潜能。

赋能数据开发能力

将数据作为关键资源、核心资产进行有效管理，开展数据全生命周期管理，提升数据分析、集成管理、协同利用和价值挖掘等能力，充分发挥数据作为创新驱动核心要素的潜能，为培育发展数字新业务、开辟价值增长新空间打下基础。

历次科技革命都催生了新的产业格局，数字化转型同样塑造了首钢股份转型升级、实现高质量发展的新格局。首钢股份将继续致力于强化数字化转型与企业战略的匹配，乘着数字化的东风走向未来。

第 11 章

东鹏饮料的数字化营销

数字化运营是围绕有效动销增长而搭建的一整套全新商业运营模式，它不只是解决一个具体问题，而是通过"产品 + 工具 + 方法"自上而下地改变整体业态和经营逻辑，围绕产品系统思考公司如何做生意、如何实现精益管理和持续发展。

Digital Transformation
of the Organization

东鹏饮料是上交所主板上市公司，2003 年由国企改制为民企，主营业务为饮料的研发、生产和销售，专注于为消费者提供高品质健康功效饮品。作为能量饮料的先行者之一，东鹏饮料推陈出新，成功构建"东鹏能量 +"品牌矩阵：东鹏特饮、东鹏 0 糖、东鹏她能、东鹏气泡特饮等；同时，深刻洞察消费者需求，不断开发新品类，推出东鹏大咖、由柑柠檬茶、陈皮特饮、东鹏天然水等品牌。东鹏饮料营销网络遍布全国，截至 2022 年，全国布局 11 大生产基地，通过 2000 多个经销商和 5 万多个渠道商，将产品供应至 200 多万个终端网点。

作为一家在传统行业深耕多年的企业，东鹏饮料抓住了数字化变革带来的机遇，率先采用"一物一码""瓶箱关联"等技术，打造行业领先的智能营销解决方案，极大提升了渠道和销售管理效率，并增强了消费者的品牌黏性。

通过数据洞察所在产业的价值，真正以消费者为中心，和伙伴一起实现营销转型与渠道变革，再通过打造数字工作系统赋能员工，助力企业组织变革，实现快速增长，是东鹏饮料的数字化实践带给众多企业的启示。

数字化营销成果和认识

在快消品行业中，东鹏饮料是较早实施数字化转型的企业。经过多年的摸索和实践，高效的数字化运营能力已经是东鹏饮料抢占市场、开展营销活动的一把"利刃"，为东鹏饮料的业绩增长和效率提升提供了核心动能，更成为支撑企业战略落地、保证企业持续领跑市场的核心竞争力。

这种高效的数字化运营能力来自东鹏饮料组建的技术能力过硬、了解具体业务、作战能力强的数字化团队。在数字化转型的过程中，东鹏饮料的数字化团队紧密结合一线业务实际，借助"互联网＋大数据分析"，基于"一物一码"技术，搭建了面向快消品行业具体业务场景的数字化营销平台（见图 11-1），形成了"品牌方—渠道—终端—消费者"的渠道"高速公路"，使东鹏饮料形成了支撑营销业务快速发展的数字化运营能力，实现了智能营销、动销拉动、消费者互动、商户管理、库存管理、大数据分析、精益生产等多种功能。

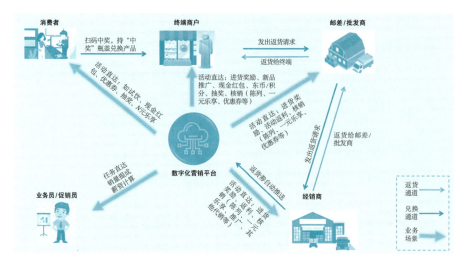

图 11-1　数字化营销平台

借助高效的数字化运营能力，东鹏饮料实现了智能化营销管理。东鹏饮料将 AI 图像识别技术全方位应用于日常销售管理，系统可通过业务员拍摄的照片自动识别店内陈列是否符合要求，并通过 AI 学习，进行竞品分析、销售预测等。东鹏饮料还自主研发了业务人员智能化拜访路线，赋能业务人员，提高其工作效率，打通线上和线下各类渠道的终端场景，实现渠道一体化与全渠道精准管理（见图 11-2）。

东鹏饮料的数字化转型取得了丰硕的成果，截至 2021 年，东鹏饮料通过"五码⊖关联"对公司所有产品进行全生命周期管理，实现了渠道数据的透明化、终端的数字化，并且通过扫码活动与商户和

⊖　"五码"指纸箱内码、纸箱外码、瓶盖内码、瓶盖外码、生产批次码。

消费者实现关联和互动，积累不重复扫码用户数量达 1.4 亿、活跃商户数量 200 多万。

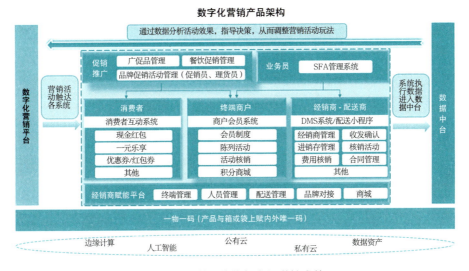

图 11-2　渠道一体化与全渠道精准管理

在数字化运营能力的构建过程中，务实的数字化团队认识到，数字化的本质并不是工具应用，而是新商业模式对传统商业模式的重构。工具应用思维是以工具解决某个岗位、某项具体工作或某个部门的问题，而数字化运营是围绕有效动销增长而搭建的一整套全新商业运营模式，它不只是解决一个具体问题，而是通过"产品＋工具＋方法"自上而下地改变整体业态和经营逻辑，围绕产品系统思考公司如何做生意、如何实现精益管理和持续发展。

数字化营销实施历程

　　"一物一码"是快消品行业的标准做法，众多企业都拿"一物一码"作为品牌与消费者互动的入口。虽然很多企业都在用，但真正能将"一物一码"用好，实现与营销策略匹配、与消费者和商户有效互动的品牌却不多。东鹏饮料却巧用"一物一码"技术，在"再来一瓶"促销打法的基础上进行颠覆性的操作。东鹏饮料不但通过"一物一码"引爆了市场，获得快速增长，还基于"一物一码"做到了"五码关联"，搭建了全渠道数字化高速链路，实现数字化营销转型，引领行业发展。

巧用"一物一码+微信红包"

　　早在 2015 年之前，饮料行业内"再来一瓶""开盖有奖"的促销方式就已流行多年，广受消费者的认可和欢迎，对品牌厂商拉动动销和业绩增长起到了重要作用。然而，2014 年饮料行业开始出现瓶盖造假黑色产业链，"造假高手"将"谢谢品尝"字样用机器抹掉，然后刻上"再来一瓶"，以假乱真，导致各大饮料厂商蒙受巨大损失。在这种情况下，营销方式的变革势在必行。

　　东鹏饮料是一家有着创新基因的传统公司，2015 年，智能手机已经普及，移动互联网代表着未来的趋势。东鹏饮料看到市场上有饮料企业在推广"一物一码"，于是迅速了解、跟进该技术。

"一物一码"技术的逻辑并不复杂，主要是通过手机移动端扫描二维码，留存用户数据，实现消费者与品牌商的连接。这种方式不但解决了人工收集、检核瓶盖所带来的工作量大、效率低、成本高等难题，还能降低假瓶盖给企业带来的损失。更重要的是，它使品牌商后续可以在线上与消费者深度互动，由此积累的数据与流量也会带来巨大价值：从渠道端来说，可实现渠道全域动销在线化，实时追踪数据，做好窜货预警；从营销端来说，可以配合营销打法做定向精准促销，启动各种新的营销玩法，未来想象空间巨大。

东鹏饮料高层第一时间就认定"一物一码"代替"再来一瓶"是未来趋势。但如何吸引消费者扫码，如何与消费者互动？有人提出可以通过扫码送话费、送上网流量等方式吸引消费者，但东鹏饮料董事长林木勤却认为，要做就做让消费者有实实在在的获得感的活动，还有什么比发钱更实惠的？

恰好当时有一个特别好的契机。2015 年，微信借助春晚平台推出"摇一摇抢红包"活动，成功将微信红包带火，一时间发红包、抢红包成为热潮。借着这股热潮，东鹏饮料基于"一物一码"技术，适时推出了"扫码赢红包"，将红包直接发放到消费者手中。这种新颖又实在的营销活动点燃了消费者的参与热情，东鹏特饮的知名度一下子提高了，东鹏饮料董事长也被戏称为"史上发红包最多的男人"。

"扫码赢红包"的火爆效果让东鹏饮料坚定了向数字化营销转型的决心。2016 年起，东鹏饮料开始全面铺开，线上线下相结合，高投入做"扫码赢红包"活动。所有的宣传物料，包括线下的宣传单、冰箱围膜、TOP 贴等都在宣传"喝东鹏开盖赢红包"，消费者扫码率迅速提升。通过这个营销动作，东鹏饮料的销售量在 2016 年实现了爆发性增长。

基于"一物一码"技术，东鹏饮料重构"再来一瓶"促销打法的底层逻辑，解决了"再来一瓶"的痛点。而"一物一码"技术和微信红包的结合，打造了一个品牌与消费者零距离、无障碍深度互动的入口，消费者每次扫码，都与东鹏饮料进行连接和互动，这使消费者对东鹏饮料的信任度大大提升，品牌复购频次因此迅速增加，品牌影响力也大幅度提升。

截至 2021 年，东鹏饮料已经积累了 1.4 亿多名不重复的扫码用户，公众号粉丝数量超 1000 万，入口流量峰值达 350 万。

数字技术支撑促销新玩法，实现精准营销

基于"扫码赢红包"，东鹏饮料演变出多种多样的促销新玩法，与消费者深度互动，取得了非常好的营销效果。

东鹏饮料的二维码绑定的金额不是固定不变的，数字化团队可以根据公司的营销策略随时调整红包金额，换句话说，平台总控中心可以控制每天投入市场的红包金额。这种可控性与灵活性既保证了营销战略的有效落地，也减轻了公司的财务压力，成为东鹏饮料对抗"羊毛党"和应对竞争的强大武器。

在探索中，东鹏饮料的促销打法不断升级，扫码策略更是持续进化，目前已经可以做到按生产批次、码段、流水号，自行、随机、随时在后台设置互动促销活动。比如，东鹏饮料可以设置首次扫码必中、扫码分享后才可领奖，也可以针对不同区域设置不同的营销活动，还可以随时针对竞争对手在目标市场发动饱和攻击。所有的促销活动都由总部在后台在数据分析的基础上灵活调整。

技术突破，紧密连接终端商户

通过"扫码赢红包"，东鹏饮料积累了大量消费者数据，实现了 C 端的连接和互动。在此基础上，2018 年，东鹏饮料开始尝试向 b 端（终端零售端）发展，希望与商户、终端网点产生更紧密的连接。

为什么要连接商户？在长期的渠道耕耘中，东鹏饮料清楚地认识到，饮料行业本质上是传统生意，消费者触达产品、购买饮料的最重要渠道是线下商店，很多消费者都是在打开冰柜的那一刻才决定买哪种饮料。对饮料行业来说，动销是第一位的，如果饮料品牌只注重线上与消费者端的连接和互动，忽视了与商户的线下连接和互动，会导致商户没有兴趣铺货上架，产品陈列少，上架机会少，产品的动销肯定不理想，这对饮料品牌来说是致命的。因此，饮料企业必须连接商户和消费者，让两者都参与到互动中来，这不仅能提高商户的关联度和信任度，而且能提高消费者的购买欲，提升渠道动销。

国内饮料动销主要来源于遍布大街小巷的"夫妻店",部分顾客年龄较大,扫码意愿不强。为了吸引这些年龄普遍较大的顾客主动扫码,东鹏饮料主动让利,让几百万名店主主动成为其促销员。2019 年,东鹏饮料开始尝试做"一元乐享"活动,如果消费者购买的饮料瓶盖上有"一元乐享"字样,就可以以一元的价格购买同样的饮料。根据东鹏饮料设置的规则,消费者付的这一元钱是给店主的,无须给厂商。按照 30% 的中奖率,一箱 24 瓶饮料中有 6~8 瓶中奖,也就是说一箱饮料可以让店主多赚 6~8 元钱,这对店主们产生了很大的吸引力,他们更愿意将东鹏饮料铺货上架。这种厂商与商户的利益捆绑,快速拉动东鹏饮料在市场上的动销。

在设计"一元乐享"活动时,为避免再出现"再来一瓶"促销活动中的假盖问题,东鹏饮料结合"一物一码"技术,在瓶盖中刻上二维码。消费者中奖后,店主扫码核销中奖瓶盖内的二维码,核销信息直接通过系统反馈到公司系统平台,平台发放返货券给商户,业务员定期上门,核销商户积累的产品券,给商户补足相应的饮料。通过这种方式,商户对东鹏饮料的信任度大大提高,商户注册量和活跃度大幅度提升。考虑到有些店主不能一直在店里,无法实时核销,开发人员又开发了一个小功能,店主可以将家人或店员加进来,这样即使店主不在,其他人也可以帮忙核销。不要小看这个小功能,这个功能一经推出,商户注册量就快速上升,消费者和商户的参与度非常高。

在"一元乐享"活动推广前期,东鹏饮料遇到了一个难题——

瓶盖回收。瓶盖回收不仅存在潜在的造假风险，而且需要消耗大量的人力，效率低下。为了解决这个问题，东鹏饮料开发了点盖小程序并给每个经销商都配备了点盖 PDA。但随着活动越来越火爆，后期经销商需专门配备一人扫码核销瓶盖，效率仍非常低，很多经销商积压了很多待核销回收的瓶盖。

面对这一难题，董事长林木勤给数字化团队负责人下达了一个命令：必须在一个月内解决经销商瓶盖回收核销问题。接到命令，数字化团队与外部厂家沟通，日夜加班，终于自主研发出市场上第一台点盖机，创饮料行业之先河。点盖机的扫码速度非常快，一台点盖机一天能点 10 万个瓶盖，效率大大提高，而且还能自动收集数据，当回收流程进行到经销商环节时，数据就已经全部出来了。后期东鹏饮料投放了八十多台机器给全国的经销商，瓶盖回收问题得到缓解。

技术升级，"五码关联"打通全渠道高速链路

为彻底解决瓶盖回收的难题，2019 年，东鹏饮料又投入重金进行技术革新和生产线改造，推动瓶箱关联，实现"五码关联"。

"五码"包括生产批次码、瓶盖外码、瓶盖内码、纸箱外码、纸箱内码。其中，生产批次码用于生产时绑定生产信息，出货时绑定经销商；瓶盖外码用于工厂 24∶1 的瓶箱关联，便于仓储与物流；瓶盖内码用于消费者扫码得微信红包，商户扫码核销"一元乐享"获奖

信息；纸箱外码用于工厂生产时的数据采集，便于出货信息管理和经销商物流管理；纸箱内码用于商户扫码注册品牌会员，并领取商户红包，增强品牌与商户的连接。

"五码关联"后，生产批次码、瓶盖内外码、纸箱内外码与经销商、售卖门店信息强关联，可实现：

- 生产数据全自动采集，出货后自动激活瓶盖内外码、纸箱内外码。
- 详细记录每一瓶饮料从灌装到入库、销售出库、门店进货扫码、消费者扫码的全过程产品生命周期。
- 单瓶（经销商、门店维度）窜货预警。
- 定向促销，精准促销，降低营销成本。
- 增强门店互动的真实性，加强品牌的管控力度。
- "一元乐享"活动瓶盖无须回收，在线核销。

"五码关联"加持"一元乐享"活动，使东鹏饮料与商户的连接和互动更紧密。终端门店进货时扫箱内码，就可以领取红包、完成注册，建立与东鹏饮料的连接。消费者扫描瓶盖内码获取中奖信息，然后到门店兑换，门店直接扫码核销，东鹏饮料系统后台收取数据，给店主发放返货券。业务员根据门店返货券进行补货。东鹏饮料通过系统可随时查看门店使用返货券的数据、业务员核销数据以及经销商核销数据。至此，瓶盖回收问题彻底得到解决。

2020年新冠疫情暴发，业务员无法上门拜访商户，很多饮料企业的销量因此受到了严重的影响。但东鹏饮料因为做了瓶箱关联，商户注册数量反而逆势增长，销量也保持增长态势。

通过"五码关联"，截至 2021 年，东鹏饮料已完成约 200 万个终端网点的深度绑定，这使东鹏饮料可以根据商户的需求、所在商圈、销量打造不同的定制化营销方案，做到精准营销，并且可以采取线上手段对营销进行管理，比如陈列费用、搭赠费用以返货券形式直达终端等，实施直通商户的激励政策，使管理变得高效、精准。

东鹏饮料的数字化营销从连接 C 端（消费者）开始，影响 b 端，提升动销，继而推动 B 端（经销商、批发商等），打通 B、b、C 三个渠道端，构建起 2B2b2C 的数字化营销体系，让促销形成全链路触达、连接用户的最佳形态。

与腾讯战略合作，解决业内薅羊毛难题

在做促销活动时被"羊毛党"薅羊毛，一直是业内各大饮料厂商想要解决的难题。任何一个厂商都没办法做到中奖信息的百分百真实核销，东鹏饮料也只能达到 76% 的核销率，即 100 个盖子里有 24 个盖子是被丢掉的。因为其中存在巨大利益，市场上就出现了一大批"羊毛党"，专门针对行业内各大厂商薅羊毛，甚至形成了黑色产业链。在各大废品回收站里，有人专门回收各大饮料厂商的瓶盖，有人专门用扫码枪识别有效的瓶盖内二维码，再将有效二维码变成码包上传到网上层层分销。这种不当得利分摊到个人后，就难以追寻踪迹。厂商能发现这个问题，但是解决不了它。

2018 年，东鹏饮料的 IT 团队在与腾讯云合作时，了解到腾讯云有一个风控产品叫"天御"，可以用来解决金融、游戏领域的薅羊毛问题。这个系统的原理很简单：依靠微信的大数据和分析能力，检测每个微信号是否有效，并给每个微信号评级。安装这个系统后，消费者在用微信号扫码时，系统就会将其评级反馈给系统使用人，级别界定为 0～4 级：3～4 级的基本就是非正常微信号；0～1 级的是正常微信号；2 级的是系统摇摆不定的微信号，由厂商自己判断。如果是非正常微信号，厂商就不给红包或者给额度很小的红包。如果是正常微信号，就给正常奖励额度的红包。

东鹏饮料算了一笔账：微信红包费用是营销费用的重要组成部分，一年被"羊毛党"薅掉的大约占 8%，金额达数千万元。随着公司业务的不断扩大，每年损失的费用会更多，若能够堵住这个漏洞，将会给公司带来巨大的价值。于是，2018 年，东鹏饮料与腾讯云签订了战略合作协议，斥巨资采购天御系统。

这次合作使腾讯云大为震惊，它没想到一家饮料公司竟然愿意投入大笔资金采购线上风控系统，由此它发现了一个巨大的市场，后来陆续将系统卖给多家饮料公司。腾讯高层在公开演讲时常以东鹏饮料为案例来说明科技公司和大数据对传统行业的赋能，说腾讯天御系统一年可为东鹏饮料节省大笔营销费用。这次合作对东鹏饮料的触动也很大，先进互联网技术的应用实打实地为公司节省了大笔营销费用，提高了投入资金的使用效率。

数字工作系统让人更有价值和成效

借助"一物一码"技术，东鹏饮料成功打通了从品牌方到经销商到商户的链路，同时也实现了对数千名业务员、上千家经销商、数百万商户的在线管理。通过近几年的不断投入，系统功能逐步完善，积累了大量的数据。这些数据为东鹏饮料的产品研发、产品投放、广告宣传提供了精准支撑。

比如，东鹏饮料通过与腾讯的战略合作，对扫码用户的画像进行了分析、定位，找到了东鹏饮料最核心的用户群体。东鹏饮料的大数据团队还打通了各个系统的数据，建立数据湖，通过对数据的清洗、建模处理，形成了日常管理所需要的报表模型。每个生产基地的产能情况、发货情况，每个事业部、大区、办事处的动销数据、出库数据都一一呈现在管理者面前，通过同比、环比、累计、目标进展等多维度的分析，所有决策都有数可查、有据可循、智能协同，让人更有价值，让工作更有成效。

数字化建设成功因素

领导高度重视、大力支持，给新业务试错机会

东鹏饮料的数字化建设由一把手主抓，从 2015 年开始至今每月一次的讨论会，公司董事长从未缺席。在会上，董事长会与大家共同讨论现阶段系统建设和运营的主要问题、所需资源、解决方法，

当天决策，团队立即处理执行。

愿意试错是东鹏饮料的数字化建设获得成功的一个关键因素。2015 年刚筹划"扫码赢红包"活动时，有高管反对，认为做这个活动相当于把上千万元的钱放在一个保险箱里，同时告诉全世界的黑客高手"这里面有上千万元，你有本事就来拿"，这会带来巨大的风险，以东鹏饮料当时的实力是顶不住的。但尽管风险很大，董事长还是同意尝试。

2016 年，担心的事还是发生了。东鹏饮料某批次产品的有奖"码包"数据泄露了，网上到处在卖东鹏饮料的红包码。但一个码对应着一瓶饮料，当时这一批产品已经投放市场，无法回收，消费者买了饮料后一扫码，显示的是已被领取，于是纷纷前来投诉，给东鹏饮料造成了极其严重的负面影响。公司果断报警，但这种情况警方也无法处理。

出现这么大漏洞，数字化团队的负责人压力很大，IT 团队也很自责，很多人都做好了引咎辞职、卷铺盖走人的准备。此时董事长展现出了极大的魄力，他没有批评任何人，也没有问责，反而劝慰他们不要有心理负担，有难题大家一起解决，损失公司全力承担，公司承诺给消费者的奖品一定要兑现。

在董事长的大力支持下，数字化团队很快找到了解决办法：在系统里进行设置，要求购买这一批产品的消费者在领红包时必须输入批次号，而产品批次号是无法盗走的。通过这个验证步骤，漏洞被彻底堵住了。

站在消费者与商户的立场上与其建立强连接

东鹏饮料推出"扫码赢红包"活动后，由于活动效果极好，市场上出现了很多跟随者。但是很多企业只学到了东鹏饮料的"形"，没有学到"神"，跟学效果很一般。为什么技术差不多、玩法也差不多，东鹏饮料却能做得比同行好？原因主要在于东鹏饮料是站在消费者与商户的立场上与其建立强连接的，这体现在三方面。

一是舍得投钱。东鹏饮料是实打实地投钱，消费者按照要求扫码赢红包，可通过微信直接提现。而很多企业用优惠券、周边代替红包，激励效果当然一般。

二是对消费者和商户没有太高的要求。东鹏饮料的"扫码赢红包"活动对消费者和商户的要求很低，只要授权登录，提供一个位置就可以。而有些品牌商要求消费者提供联系方式、关注企业公众号，这容易引起消费者的反感。东鹏饮料与商户的连接更简单，就是实实在在地让利，正因为这样，东鹏饮料的扫码率（活动参与度）很高，最高时达76%，而有些品牌的活动参与度只有10%。

三是中奖概率高。有些品牌每个瓶盖上都有二维码，但只有20%或30%的二维码扫出来是有奖的，消费者扫码之后发现没中奖就会产生失落感，下次可能就不愿意再扫码了。东鹏饮料的中奖率远高于这一数据，而且会针对有奖的二维码在盖内进行提示，只要瓶盖内写着有奖，东鹏饮料就 100% 兑现，只是红包大小有区别。这让消费者对东鹏饮料产生一种信任感。

东鹏饮料实打实地给消费者和商户让利，绝不是"人傻钱多"，而是因为它在饮料行业深耕 20 多年，对自身产品的消费群体有足够的洞察和了解。消费者和商户内心都有一杆秤：哪个品牌是真正让利，哪个品牌能让他们获利，就用行动给它投票。站在消费者和商户的立场思考问题，帮助消费者节省时间，让消费者和商户得到更多的利益，是东鹏饮料与消费者及商户建立深度连接、收获更多信任的秘诀。

构建数字工作方式，赋能数字个体

"扫码赢红包"活动的火爆开展，使东鹏饮料连接的消费者越来越多，更积累了海量的数据，再加上公司在营销上想法多、玩法变化快，需要技术团队高度配合，2017 年下半年，东鹏饮料开始筹建自己的开发团队，希望招募更多的人才，专业化地做数字化运营，利用好东鹏饮料积累的大量流量与数据，创造更大的价值，赋能企业。2017 年底，东鹏饮料旗下的互联网子公司鹏讯云商正式成立。

有了专业的数字化团队后，东鹏饮料的数字化建设进程进一步加速，很快就搭建了完善的数字化营销平台，通过数据驱动业务的精细化运营，实现营销精细化、终端精益化、渠道智能化，提升业务的单人产出与单点产出。

东鹏饮料的数字化营销平台实现了所有销售相关数据的在线化，能根据终端商户与消费者的扫码行为、经销商的出库数据，利用大数据分析能力，精准推算出渠道真实的库存数据，以实际动销指导生产与供应，真正实现产销一体化，打破行业内需要根据业务员主观提报的销售数量进行生产与供应的传统做法。

每天早上 8 点，前一天数据即可更新在数字化营销平台上，公司管理层能实时掌握真实的动销数据，根据这些数据做出更有效的决策。比如董事长林木勤会在每天早上 10 点前看前一天的销售数据，每晚 24 点之前看当天的动销数据，一旦看出数据有什么问题和异常，就会直接反馈给相关销售经理。从决策到执行的链条非常简单和高效。

在东鹏饮料，品牌发展团队、销售运营团队、数字化团队三足鼎立，品牌发展团队负责宣传和推广营销活动，并核算与控制营销费用成本；销售运营团队负责营销活动的落地执行与活动效果的分析；数字化团队负责数字化工具的不断完善和业务数据的分析。三个团队配合默契，快速响应公司的营销变化，为公司的数字化转型提供稳定的支撑，形成了东鹏饮料数字化营销的组织价值空间（见图 11-3）。

值得一提的是，东鹏饮料的所有高管都有很强的数字化意识，并把数字化工具当成日常管理的有效手段。2021 年开始，东鹏饮料自主研究"业务员数字化激励项目"，尝试使用"工具+激励"的方式，重新定义销售人员薪资核算方式，将公司的管理诉求转变为考核数据，把业务员的执行细节数据化，使其通过终端的动销情况核算业务提成，实现与经销商端出货脱钩，从而达到更精准的管理。

图 11-3　东鹏饮料数字化营销的组织价值空间

未来，东鹏饮料将继续以用户为核心，为公司打造实时化、场景化、自动化的智能营销闭环（见图 11-4），并通过多项数字化举措，为终端客户提供精益服务。

除此之外，东鹏饮料的数字化营销还将基于组织数字化转型三维空间"人-货-场"的持续探索，力争成为快消品行业的产业互联网平台，推动"产品采购—产品生产—产品存储—物流运输—营销管理—消费服务"线上智慧产业链集成，为供应商、品牌商、经销商、消费者赋能（见图 11-5）。

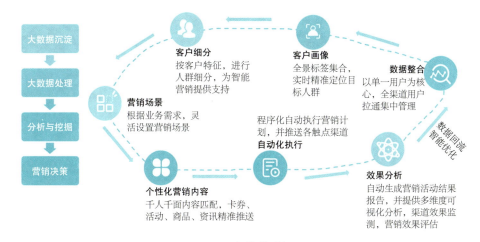

图 11-4　智能营销闭环

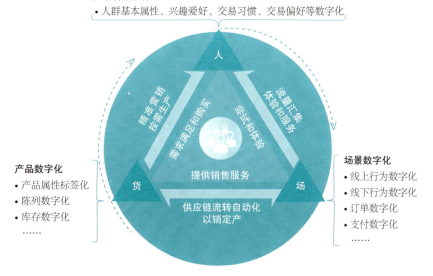

图 11-5　东鹏饮料组织数字化转型的三维空间

Digital Transformation
of the Organization

第 12 章

大童的数字化重构

不要总盼望着企业为数字化转型做好万全的准备，重要的是企业能否以最快的速度迈出转型的第一步。数字化转型的难点永远不是技术，而是企业对新业务模式、对顾客价值的理解。

Digital Transformation
of the Organization

大童保险销售服务有限公司（简称大童）成立于 2008 年，是中国银保监会批设的首家全国性保险服务持牌机构，是我国保险行业服务赛道的开创者和引领者，2020 年大童成功跻身全球保险专业中介榜单前 20 名，是当年度入选该榜单的唯一亚洲企业。

创立初期，大童是一家线下开设网点、大量招募保险代理人、销售多家保险公司产品的传统型保险中介，2014 年进入了艰难的创业低谷。为了重新找到成长动力，2015 年大童启动了数字化转型与业务模式升级双战略，矩阵式布局保险服务和保险科技的产业生态。

经过一段时间的摸索后，大童开始引入外部管理咨询力量。2018 年，我与大童一起开启了一段数字化转型实践之旅。在我们的共同努力下，大童实现了技术转型与模式升级双战略加速落地、相互促进、双轮驱动，不但彻底扭转了亏损局面，还创造了业务规模 7

年翻 11 倍、连续 7 年正增长的卓越业绩。由此，大童从一家传统的线下销售型保险中介，成功蜕变为以数字技术驱动的保险服务集团，成为中国保险业近年来的创新标杆，并在国际上崭露头角。

作为传统企业数字化转型的典型案例，大童的思考与实践可以给更多在转型之路上艰难前行的传统企业一些借鉴。

数字化转型的起点

大童的创始人是新华人寿前常务副总裁林克屏先生，他在执掌新华保险销售业务期间，曾创下业绩连年倍增的业界神话，是保险业的风云人物。在大童创立的 2008 年，保险中介尚处于起步期，鲜有保险公司高管进入这一领域创业，而林克屏带领的年轻高管团队无疑是豪华配置版中介创业团队，因此，大童的成立是当时轰动保险业的新闻事件。由此可以看出，大童有着与生俱来的创新基因。在创业期，林克屏讲得最多的一句话是"成功源于坚持，伟大源于创新"，这句话也决定了大童在"道"的层面敢于坚持、在"术"的层面勇于创新的企业特质。

2014 年，大童完成了高管团队的更替，以蒋铭为代表的 70 后"创二代"带领大童开启了新征程。大童坚持与创新的双重基因、大童的商业使命与企业文化被完整地传承下来，这对大童后来的一系列转型与蜕变有着深远的影响。

2018 年，我参与到大童的数字化转型实践中，并引导它的高管团队确定了企业信仰——为顾客创造价值。此后，大童企业经营的所有方略均围绕着"为顾客创造价值"这一中心点展开，"为顾客创造价值"成为大童的决策依据、思维模式和评价标准。

在数字化转型的过程中，由于加入了技术的要素，企业局部或整体的变化都在加速并且被放大，企业一方面会感受到效率革命与模式创新带来的"爽感"，另一方面也容易在加速度中迷失本心。但大童始终坚持"为顾客创造价值"的初心，在面对数字技术带来的短期巨变的诱惑时，大童总是以"为顾客创造价值"为标准做出选择，坚持顾客主义、长期主义、专业主义。比如，2021 年初大童果断拒绝了当时市场上火热的"首月 0 元"百万医疗和财商获客模式，没有像其他一些保险公司一样误入歧途。

企业想要成功完成数字化转型，就要在"快"的同时少犯错，而坚持为顾客创造价值就是少犯错的有力保证，这一点大童做到了，而且做得很好。

产业逻辑比数字逻辑更重要

我一直认为，在数字化转型的过程中，**产业逻辑比数字逻辑更重要**。大童非常认同这一认知，尽管大童十分重视技术的持续投入，但是它更为坚持的是让技术创新回到产业逻辑及业务本身。它深知，数字化转型是为了解决业务问题，大童要实现的不是数字产业化，而是产业数字化。

那么，大童想解决的业务问题是什么呢？

大童的董事长蒋铭常讲："中国保险业不缺好产品，只缺好服务。"2019 年以来，中国保险业的传统保险代理人脱落超过了 50%，脱落总人数达 500 多万，这使大量保险客户失去服务人员，其保单成了保险行业俗称的"孤儿保单"。大童洞察到这一巨大的市场空白，决定将业务模式从销售升级到服务，做中国保险行业服务赛道的开创者。

"为企业、家庭、个人提供全生命周期的管家式保险服务"是大童的新价值定位，它希望给客户带去"好买、好赔、好用"的保险服务体验，帮助客户拥有持久、从容、安宁的美好生活。要实现专业高效的保险服务，必须与大量保险公司、健康医疗机构等外部合作伙伴建立深度连接，必须为客户提供更便捷的在线服务，必须将线上技术平台与线下服务者结合起来……这些问题的解决方案就是数字化转型。

我们在分析大童业务模式升级与数字化转型双线并行的进程时，可以清晰地看到它从销售到服务、从线下到线上、从内部协同到外部共生、从传统企业到数字化企业的变化路径与重构过程。我们用一张图来展现大童数字化重构与业务模式升级的全景（见图 12-1）。

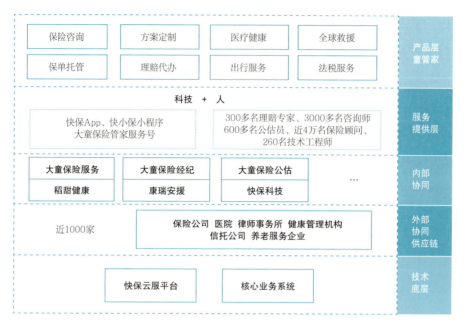

图 12-1　大童数字化重构与业务模式升级全景图

首创行业内直接面向 C 端的数字化服务产品"童管家"

　　大童首创的服务产品"童管家"集中体现了它对产业逻辑的理解。2018 年，我指导大童确定了未来的发展方向——做保险业新价值的塑造者，并确定将业务模式全面向保险服务升级。2019 年，大童将孵化的八个服务子项目（保险咨询、方案定制、保单托管、理赔代办、医疗健康、出行服务、全球救援、法税服务）组成一个完整的保险服务产品"童管家"，并正式对外发布，这是中国保险中介业第一个标准化的保险服务产品。

"童管家"所有服务项目都是利用数字技术开展的。以保单托管为例，大童收集了中国保险业自 1992 年以来的 2 万多款保险产品，并将这些保险产品进行了保险责任标准化与数字化拆解，建立了全行业第一个"保险产品数字化责任库"，为电子保单托管服务奠定了技术基础。到 2022 年，大童已托管了中国 130 多万家庭的 700 多万份保单。如果没有数字技术的介入，保单托管这个广受客户欢迎的服务项目可能根本就不会诞生。

大童以"科技+人"的方式将"童管家"服务输送给客户。"科技"指的是大童保险顾问（包括咨询师、理赔专家等）的工作平台快保 App 和快小保小程序，还有客户使用的大童保险管家服务号。"人"则包括 300 多名理赔专家、3000 多名咨询师、600 多名公估员、近 4 万名保险顾问和 260 名技术工程师。

"科技"保证了服务的效率与专业，而"人"保证了服务的温度与差异化。大童将保险顾问的所有工作场景进行了 360 度切片和沉浸式技术赋能，到 2022 年，大童实现了保险顾问全工作场景线上化，与此同时，所有"技术"都有线下"人"的承接。这种科技与人的融合，印证了数字化时代人依然发挥着不可替代的价值，而科技只有与人深度合作才有更广泛的应用价值。"科技+人"的服务方式，帮助大童在新冠疫情期间不受制于时间与空间的局限，继续保持增长。

建立完整的保险服务生态，实现协同价值创造

大童拥有保险中介的代理、经纪、公估三张牌照，其中成立于2018 年的大童保险公估有限公司是我国首家主营人身险公估的公司，目前占有该赛道 20% 以上的份额，居行业领先地位，是大童服务生态中的重要一员。

为了保证"童管家"医疗健康服务的品质，大童于 2020 年投资成立了稻甜企业服务有限公司，由它来负责建设保险公司与医院间的自动结算平台（TPA），同时对外与各类健康管理公司合作，整合优质的医疗服务资源。2020 年，大童又收购了欧洲久负盛名的救援公司（SOS International）的中国子公司康瑞安援救援，使"童管家"可以为顾客提供出行服务与救援服务。

由此，大童基本完成了保险服务生态的自建，通过旗下多个子公司实现了协同价值创造。

高效连接外部合作伙伴，建立新行业标准

在数字化转型前，大童主要的合作伙伴是传统保险公司，合作关系相对单一：大童代销各保险公司的保险产品，保险公司向大童支付销售手续费。随着数字化转型的深入，大童的业务模式从销售向服务逐步升级，大童的外部合作伙伴与合作模式都发生了变化。

合作伙伴由传统保险公司扩展到互联网保险公司、健康保险公

司、保险互助企业等新型专业保险公司，并且与医院、健康管理公司、律师及会计师事务所、信托公司建立了广泛的合作关系。大童与外部合作伙伴的合作模式也变得更为丰富，保险公司向大童输送保险产品，大童也向保险公司输送健康医疗、出行救援等配套服务，很多保险公司已经将大童提供的配套服务整合进保险产品的附加服务中，大童还向保险公司输出技术服务。

大童不仅实现了与外部合作伙伴的数字化高效连接，还在保险中介与保险公司的技术对接中建立了新的行业标准。

构建技术底层，以数字技术赋能工作者

早在 2009 年，大童就开发了保险中介领域第一个核心业务系统，在此后的十几年，这套系统一直在迭代升级，为大童数字化转型打下坚实的技术基础。随着大童旗下子公司的增加，企业对技术升级的要求越来越高。2020 年，大童自研了快保云服务平台，用两年时间将整个集团数字化转型的技术基地迁移至云服平台，大幅提升了大童数字化转型的速度和可扩展性。而快保云服务的溢出能力则在 2021 年输送给了外部合作伙伴。

大童在北京、深圳、武汉设有三个开发中心，目前共有近 300名技术人员，技术属性的员工在大童总部员工中占比接近 60%，这在整个保险业都是高标准技术配置，由此可见大童在数字化转型方面的战略决心。

利用数字技术，大童将内部的近 4 万名顾问（A）、外部的 1500 多万名客户（C）、外部的数百个合作伙伴（B）高效连接起来（见图 12-2）。

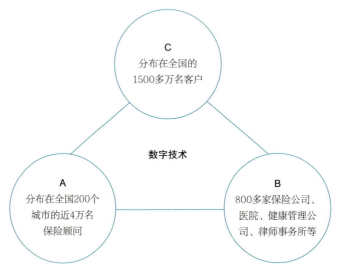

图 12-2　大童数字化业务逻辑图

从某种意义上来说，大童数字化转型的过程就是运用数字技术推动业务模式重构的过程。大童利用数字技术打破了时间与空间的限制，实现了内外部的协同共生，释放出更大的协同共生价值空间，实现了持续增长。

在数字化时代，很多企业有一种数字焦虑，在数字化转型潮流的裹挟下盲目地开启了数字化之路，而大童的案例让我们看到，企业的数字化必须服务于企业的业务本身。如果业务模式不进行重构和升级，单纯技术层面的努力往往是徒劳的。同样，企业要升级自身的业务模式，如果不进行数字化转型也是行不通的。换句话说，未来不会再区分传统企业和数字化企业，能活下来的企业必然是经历了数字化转型后的新企业。

数字化转型路径

大童的数字化转型经历了三个重要阶段：O2O（Online to Offline，线上到线下）阶段、OMO（Online Merge Offline，线上融合线下）阶段及数字化重构阶段（见图 12-3）。

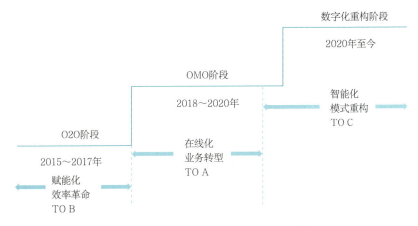

图 12-3　大童数字化转型的三个重要阶段

第一阶段：2015～2017 年的 O2O 阶段

这一阶段，大童将线下的业务机会与互联网结合，将线下交易搬到了互联网上。

当时大童的业务模式是销售多家保险公司的多种保险产品，面临的主要业务问题是：

第一，大多数保险公司没有为中介开发专门的投保系统，保险顾问需要回到线下职场，通过后线员工在柜台投保。因此，顾问的工作效率极为低下，大童的职场成本和后线员工成本也持续上升。

第二，部分有中介投保系统的保险公司各自为战，行业没有统一的技术标准，每家公司的投保与方案制作系统都是独立的。如果一个客户同时投保多家公司的产品，保险顾问和客户要在多个系统甚至多个终端间来回切换，操作难度极大。

大童董事长蒋铭在 2014 年就指出："不能回答它和移动互联网关系的企业是没有未来的。"因此，大童在 O2O 阶段坚决抛弃 PC端，启动移动互联战略，上线了快保 App，开发了保险业第一个中介与保险公司合作的统一投保系统和方案制作系统，与近 100 家保险公司进行了系统连接和数据交换。

这带来了效率的提升与成本的降低。统一投保系统上线后，大童后线负责录单的柜台人员持续减少。之后的几年，大童的业务规模实现了 11 倍增长，而录单岗位的员工数量反而比 2015 年初还减少了 20%。

第二阶段：2018～2020 年的 OMO 阶段

这一阶段是大童的线上线下业务融合阶段，实现了业务的数字化转型。

2018 年，大童面临的主要业务问题是：

第一，增人不增效。大童在全国大量招募保险顾问，但是公司业绩并没有与顾问数量的增加同步增长。

第二，信息传递严重衰减。大童在全国 200 个城市建设了线下服务网络，前线有近 4 万名保险顾问，当时总部信息传递的主要途径是靠传统组织（科层制）逐级下达，大量信息无法精准传递到一线，造成了严重的指挥失灵。

第三，80% 的业务场景还在线下。除了 O2O 阶段的电子投保和方案制作系统，保险顾问的其他工作场景全部在线下，作业模式传统，工作效率低下，数字资产无法沉淀。

第四，公司对保险顾问的培养、服务和运营也在线下。保险顾问的特点是数量大、分布广、松散化、多元化，培养、服务和运营保险顾问是大童业务模式中的重要一环。大童的后线员工 80% 以上的工作是招募、培养、服务、运营近 4 万名保险顾问，而当时这些工作几乎全部都在线下，消耗了大量后线资源，效率却很低，保险顾问成长速度也很慢。

第五，业务模式从销售向服务转型，对数字技术提出了更高要求。在给客户提供的全生命周期保险服务中，保险销售只是很短的一环，大童在 O2O 阶段已经较好地解决了销售环节的技术赋能问题，销售效率有了明显改善，但是从销售升级到服务，大童平台与客户将产生长期（长期寿险合同的服务期往往长达数十年）的连接，这就对数字技术提出了更高的要求。

面对这种多线交叉、繁杂低效的局面，大童决策层做出了一个重要的战略决定：线上与线下全面融合，为顾问提供全工作场景的沉浸式赋能（见图 12-4），为客户提供全生命周期的管家式服务。这一战略决定将大童的数字化转型推进到了关键的 OMO 阶段。

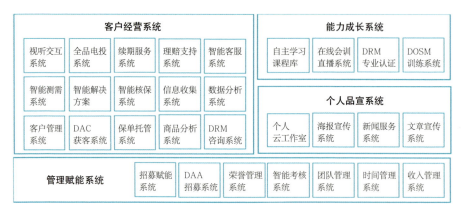

图 12-4　大童保险顾问全线上化的全工作场景（4 个大系统 + 30 个子系统）

在 OMO 阶段，大童在组织模式、作业模式、技术模式等多方面进行了系统性的数字化转型，用三年的时间实现了巨大的改变。

首先，保险顾问的客户服务工作实现了端到端全面线上化，不再受时间和空间的限制，随时随地可以开展。2020 年新冠疫情暴发后大童业务的持续增长就得益于此。

其次，保险顾问的学习、管理、培养、服务、运营全部进行了线上线下的深度融合，保险顾问与大童的平台建立了深度高效的连接与互动，这对 2019 年大童启动的高素质人才招募计划（领鹰项目）发挥了重要作用。

最后，用数字技术构建大童"童管家"，使客户全生命周期的保险服务实现了线上化（见图 12-5），这为后期大童成为保险服务赛道的领先者提供了重要的技术前提。

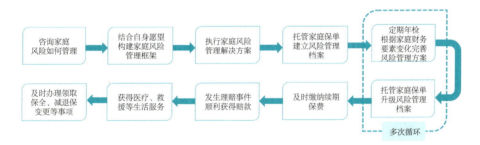

图 12-5　大童客户全生命周期保险服务线上化流程

第三阶段：2020 年至今的数字化重构阶段

在第三阶段，大童实现了面向客户的端到端全价值链协同。

在这一阶段，大童面临的三个主要业务问题是：

第一，数字化时代的客户从哪里来？企业增长的本质是客户的增长和客户需求的增加，数字化转型最终必须重构客户增长的源头。2020 年以前，大童的客户全部来自保险顾问的市场开拓，大童的企业平台并不具备直接获客的能力，这使得大童的客户增长完全受限于顾问的人数与顾问的拓客能力，而传统顾问开拓客户的场景基本以线下社交为主，只有少部分年轻顾问具备靠个人 IP 在线获客的能力。但随着互联网和数字技术的快速发展，客户发起保险服务诉求的流量入口已经从线下转移到线上，2020 年新冠疫情的暴发又进一步加速了客户保险咨询的线上化，重构客户流量入口迫在眉睫。

第二，大童的服务产品"童管家"的客户黏性太低且长期免费。"童管家"提供的保险服务十分低频，客观上造成了"童管家"的客户黏性太低，导致了客户复购的频次低，同时也反映出大童为客户创造的价值过于单一。而且，由于"童管家"没有进行产品定价，长期免费，尚未完成从产品到商品的转变，只能起到间接促进销售的作用。

第三，大童的数字资产没有盘活，业务模式的智能化水平不高。

为了解决上述三个业务问题，大童第三阶段的核心任务是构建数字化获客系统、完善"童管家"的价值体系，为客户创造更多的附加价值，从本质上来说，就是从客户源头重构大童的增长模式。同时，大童还要构建企业的数据能力，推进业务模式的智能化升级。

在这一阶段，大童推出了三个数字化转型新项目。

项目一：DAC 系统

DAC（Digital Acquisition of Customer，数字化获客）系统通过数字技术和精准化内容，触达私域流量和公域流量，批量获取潜在客户，并且在创新获客方式的同时，赋能传统获客方式，打通转介绍裂变环节，帮助保险顾问进行渠道管理和客户资源管理。同时，DAC 还能完成潜在客户的预服务，通过算法模型将客户精准匹配给保险顾问，由保险顾问为客户提供大童原创的 DOSM（Demand Oriented，Solution Model，需求导向型、解决方案式）咨询服务，完成保险服务的线上化、标准化、有形化和契约化（见图 12-6、图 12-7）。

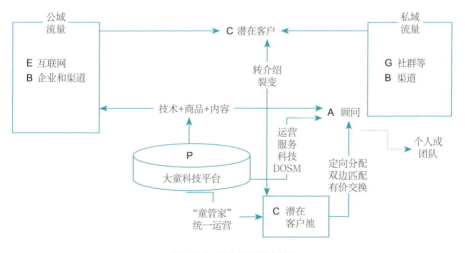

图 12-6　DAC 系统框架

DAC 系统通过数字技术连接了更多的互联网客户，对大童的业务模式进行了更彻底的数字化重构，将增长的引擎由 A（顾问）更换为 C（客户），由个人驱动更换为平台驱动，使大童获得了与更多外部客户协同共生的新空间。如果说大童在 OMO 阶段的数字化转型成果像一颗颗独立的珍珠，DAC 系统则像一根看不见的"数字绳"，将这些珍珠串成一条美丽的项链。

图 12-7　DAC 矩阵系统构成图

由于 DAC 从根本上解决了客户源头问题，对没有客户资源但有专业能力的保险顾问十分友好，大童对优秀人才产生了独特的吸引力，带来了 C 端的增长，而 C 端的增长反过来又驱动 A 端在数量的增长和质量上的优化。

短短两年时间，DAC 产生了丰硕的量化成果：在互联网生态中获得了 5000 万次以上的有效品牌曝光；直接获得近 15 万名互联网保险咨询客户；赋能 2500 多名传统保险顾问，将其中 20% 孵化为中国保险业第一批数字化顾问；为大童带来持续的业绩增长。

项目二："童管家"价值化

大童将"童管家"的八项服务进行优化升级，细化每项服务的服务标准与服务流程，让"童管家"为顾问深度赋能的同时，给客户提供更贴近生活的服务体验，开创全新的业务模式和价值空间。

项目三：智能化驱动项目

2022 年，大童成立了数据产品部，该部门充分应用大数据、云计算等新技术，对大童的数据资产进行治理，建设大童的数据合成平台，并将数据服务产品化，推动大童的业务模式向智能化升级（见图 12-8）。

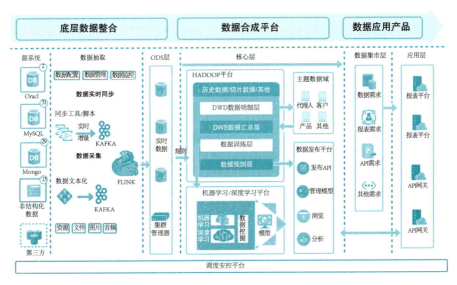

图 12-8　数据产品部工作图景

组织保障与协同的关键行动

罗伯特·L.凯利（Robert L. Kelly）在《第五次开始》一书中写道："决定人类发展的关键要素不是技术，而是人类的自我组织模式。"的确是这样，企业在数字化转型中，必然会面临传统组织不能满足创新需求的巨大挑战，由此带来了以下几个关键问题。

第一，传统的组织模式不能适应数字化转型的需要，那么企业在数字化转型之前是否应先进行组织结构的变革？

第二，在数字化转型过程中，原有业务模式的正常运转需要大量的人力，而新业务又需要具有新能力的员工来完成，此时企业是否需要大量扩招人才，加大人力成本的投入？

第三，如何协调负责新业务的员工与维持原有业务的员工之间的差异性，是否需要对二者采用不同的激励机制？

第四，在一个组织庞杂、"横纵交错"的企业推动数字化转型，如何让整个企业活跃起来？如何实现高效的内部协同？

大童在实践中找到了解决上述问题的方法，即组织保障与协同的关键行动，这些行动简洁、务实，非常具有借鉴意义。我们可以一起来回顾大童在数字化转型过程中的几个关键行动。

战略选择：线上线下融合

2018 年是大童数字化转型的关键年份，也是大童 OMO 战略的开启之年。线上线下全面融合、对保险顾问的全工作场景进行线上化改造、对客户全生命周期的保险服务进行技术赋能，是一个复杂的系统工程。2018 年的大童虽有数字化转型的雄心，但是缺乏数字化转型的人才与能力，于是进行组织与人才的调整成为当务之急，否则 OMO 战略的执行无从入手。

2018 年 4 月，大童决策层多次讨论 OMO 战略执行如何做好组织保障，摆在他们面前的是三个棘手的问题：第一，由谁来负责 OMO 战略？是对外招募数字化人才还是从现有高管中选拔？第二，数字化转型主要的实施者是公司总部，是对总部现有传统组织进行改革，还是以更柔和的方式进行组织的适当优化？第三，大童是一个五层的科层制组织，包括总部、省级分公司、营业部、经营合伙人团队、业务合伙人团队，一线的保险顾问以松散的形式隶属于各业务合伙人团队，OMO 战略是五层全部参与，还是总部直接面对一线的保险顾问？

针对这三个问题，大童决策层展开了激烈的讨论，我也给出了自己的建议，最终，大童做出以下决定：第一，由公司董事长兼总裁蒋铭负责把握 OMO 战略方向，由当时分管传统业务的执行副总裁李晓婧负责技术开发工作，并兼任 OMO 战略的执行负责人；第二，不打破总部原有的组织结构，跨职能部门成立多个项目组推进 OMO 战略的落地；第三，总部以下的省级分公司、营业部等组织暂时不参与 OMO 战略，由总部 OMO 项目组直接面对一线的保险顾问。

由分管传统业务的执行副总裁同时负责 OMO 战略执行，在顶层设计上有效兼顾了线上与线下两种思维模式的融合，做到了决策力量的高度集中，减少了新业务与传统业务在执行中的内耗。

大童要走的路没有标杆可参照，数字化转型存在一定的风险与不确定性，在转型前贸然进行组织变革，可能出现数字化转型尚未成功，原有业务却受到巨大冲击的局面。因此，主要负责原有业务的省级以下组织暂不参与是更为稳妥的安排。

大童OMO战略的执行结果证明，当时的大童做出了正确的选择。

组织模式选择：项目制

在组织模式上，大童采用了项目制。2018年OMO战略实施初期只设立了7个项目组，之后为了应对内外部变化，业务模式逐步升级，项目组也从7个扩展至12个（见图12-9），涵盖了大童业务模式的所有板块。至2020年，12个项目组的员工数量已经接近300人，占总部员工数量的60%以上。

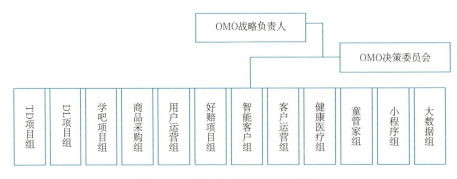

图12-9　大童OMO战略执行项目组

大童的项目制组织模式是通过以下七项工作打造出来的。

第一项工作是构建项目组。

项目组成员包括一名组长、多名精通业务的骨干、一名以上的产品经理、多名技术工程师（技术团队单设小项目负责人）。项目组组长通常由公司总部传统职能部门的经理或副经理担任，由 OMO 决策委员会选出，项目组成员由项目组组长在公司内部招募。项目组组长可以打破部门边界，不按常规选择项目组成员，比如童管家组的多位成员来自行政中心，这一机制给很多远离市场的后线员工创造了全新的成长机会，也帮助企业发掘了很多有潜能的员工。

第二项工作是激活项目组成员的潜能。

首先，向员工宣讲 OMO 战略的意义，让员工成为公司重要战略的"梦想合伙人"，激起年轻员工的意义感。其次，讲透员工参与 OMO 项目能获得什么样的成长，使员工个人成长与企业价值融为一体。由此，大童出现了年轻员工积极要求加入项目组的局面，有些员工甚至要求同时加入多个项目组。大童大胆起用和招募 90 后年轻员工进入项目组，他们是互联网"原住民"，与生俱来的新思维和新技能为项目创新带来了无限活力。

第三项工作是向项目组组长充分授权。

为保证各项目组创新工作的敏捷迭代，OMO 决策委员会向项目组组长充分授权，项目组组长有权决定需求，有权动用开发资源。由于项目组组长没有数字化转型的经验，为了避免权力与能力不匹配影响整个 OMO 战略的实施，在项目开展初期，OMO 战略总负责人李晓婧与决策委员会对项目组组长进行了高频业务指导，但是不干扰其对项目组的决策。授权的另一面是容错，即允许项目组组长在快速创新中犯错，但前提是不能同一个错误犯两次以上。

第四项工作是建立项目组协同机制。

12 个项目组的工作涉及大童业务模式升级的所有环节，多个项目组间存在流程上的衔接和数据上的共享，任何一个项目组的创新都会牵一发而动全身。因此，每个项目组都要既具有独立性和灵活性，又具有与其他组的相关性，以保证 OMO 战略实施的整体性。为此，大童主要采用了三种协同机制。

一是项目组工作相关性联动机制。每个项目组在立项初期都要绘制本项目组的"工作关系图"，清晰描述本组的哪些工作与其他组的哪些工作有相关性，这张"工作关系图"就是未来组间协同的工作地图。在项目实施的过程中，如果项目组的某项工作出现调整与变化，该项目组就要启动与相关组的协同机制，双方甚至多方必须第一时间对连接点的变化达成共识。

二是 OMO 大项目协调会机制。OMO 战略中的 12 个项目组持续召开线上或线下的双周协调会，在协调会上，OMO 战略负责人向各项目组传达公司高层的战略思考，使所有人形成共识；各项目组公开发布重要创新成果，告知需要所有项目组了解的重要变化。

三是项目组与传统职能部门的协同机制。项目组中的大多数员工同时还在传统职能部门任职，即一名员工做两份工作，接受双重领导，这在管理上是一个难题，但大童通过项目组组长与职能部门负责人的协同机制解决了这个问题。原则上，在项目组的工作与职能部门的工作出现冲突时，员工要优先完成项目组的工作。

得益于大童一直提倡的"简单和谐、目标一致、积极向上"的团队文化，以上三大协同机制在大童顺利实施，收效明显。

第五项工作是确定 OMO 项目的工作原则。

为确保 OMO 战略的成功落地，大童确定了一系列项目工作原则，即"七大工作原则"，这些原则也可以理解为所有项目组共享的一种思维模式。

这七大工作原则包括：

- 为顾客创造价值原则。所有创新的源头都是为顾客创造价值，这里的顾客包括上游保险公司、一线保险顾问以及客户，脱离顾客价值的创新是不被允许的。
- 三个直抵原则。直抵绩效的提升、直抵效率的改善、直抵难度的降低。
- 走完最后一步原则。在创新的过程中，要一直追问下一步，直至问到最后一步，然后逆向回到第一步去完善数字化转型方案的细节，避免出现有头无尾、不成闭环的创新。

- 无线下假想原则。每一次做创新决策时，都要预先假设没有线下组织的话大童该怎么做？时刻带着这样的思考构建新模式。
- 全员下市场原则。要求全体后线员工（包括 IT 产品经理与工程师）利用业余时间下市场做业务，提升项目组成员理解业务的速度与深度，这将对 OMO 战略的成功落地发挥重要作用。
- 谁家的孩子谁抱走原则。谁开发谁宣传推广，谁宣传推广谁运营，每个项目组都要形成开发、宣传推广、运营、优化的工作闭环。
- 自学新能力原则。鼓励项目组成员"以我为主"解决问题、自学新技能，主动适应项目组的创新要求，边学、边干、边成长。在 OMO 战略实施两年后，大童意外地发现项目组的成员个个都身怀十八般武艺，他们的思维模式与技能都全面升级了。

第六项工作是构建项目组的激励机制。

由于 OMO 各项目组与传统职能部门同时存在，原有的职能部门已有一整套考核激励机制，而项目组的员工又身兼双职、工作量骤增，大童对他们在项目组的工作采用了额外奖励的办法，设立"OMO 特别贡献奖"和"OMO 优秀项目组奖"，允许员工同时在传统职能部门和项目组中获得奖励。得到双重奖励的员工虽然比其他员工更辛苦，但是也获得了双重的成长和双重的成就感。

第七项工作是将项目组转为职能部门。

当项目组的工作步入正轨、承担的职责已经成为常态化工作时，这个项目组就转为一个新的职能部门，涉及的原有职能部门相应地做出调整。原项目组的工作人员除产品经理和开发工程师外，全部转入新的职能部门，同时，原项目组的工作机制仍然保留。2018～2022 年，OMO 战略的 12 个项目组中已有 10 个逐步转为新的职能部门。通过这种"软变革"的方式（见图 12-10），大童完成了组织模式的转型。

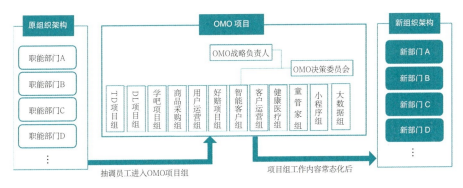

图 12-10　以项目制推动组织"软变革"的路径图

启用 PRID 数字化协同工作网络

项目制组织模式很适合处在 OMO 阶段数字化转型中的大童，但也存在一个问题：OMO 阶段，总部通过项目制完成了大平台的数字化转型，并通过数字平台直接赋能一线保险顾问和广大客户，但是大童科层制组织中的省级分公司、营业部、经营合伙人没有深度参与到数字化转型中，这导致总部和中间层"两层皮"。

　　在第三阶段即数字化重构阶段，这个问题要首先解决。DAC 系统与"童管家"价值化项目必须有纵向各层组织的参与才能落地实施。也就是说，OMO 阶段大童以项目制推动组织"软变革"的方式完成了总部横向的组织优化，在数字化重构阶段，大童则需要以新的方法完成纵向的组织优化。

　　在推动 DAC 系统应用的过程中，大童启用了 PRID 数字化协同工作网络，即将总部、省级分公司、营业部、经营合伙人团队、业务合伙人团队五层组织中的员工纳入同一个项目，将所有人、所有工作流程（Process）、角色（Role）、指标（Indicator）通过数字手段（Digital）拟合到了一个协同网络中，通过智脑平台让全国 30 个分公司、五层组织中的人协同工作，重构业务模式，同步完成了纵向组织模式的优化，形成了企业整体的新能力（见图 12-11）。

图 12-11　大童 PRID 协同工作网络在 DAC 项目中的应用

　　PRID 数字化协同工作网络的要点在于：所有人都是新业务模式中的角色，所有流程与角色都有对应的指标，所有流程、人、指标都以数字技术来贯穿，大家是通过技术整合后协同工作的一个整体。通过 OMO 阶段的横向项目工作制和数字化重构阶段的 PRID 纵向协同工作网格，大童"横纵交错"地完成了整个组织的重构与能力升级。

数字化转型是今天所有企业的必答题，数字化会帮助传统企业跨越鸿沟、走向未来，让企业获得新价值空间。数字化转型不是一次轰轰烈烈的运动，而是企业收获长期成长的必经之路。不要总盼望着企业为数字化转型做好万全的准备，重要的是企业能否以最快的速度迈出数字化转型的第一步。数字化转型的难点永远不是技术，而是企业对新业务模式、对顾客价值的理解。

管理层的挑战

结束这本书的写作时，我们还身处新冠疫情之中，疫情防控叠加数字技术、全球格局的巨变，一切都变得完全不同。各种各样的冲突和对立围绕着我们，让人手足无措。那些曾经被证明有效的经验，在不确定的环境下无法带来帮助。我们面临的最大挑战，也是最大的难题，就是要在这个复杂的世界中找到自己的出路。

要找到出路，管理层需要在理解复杂性的基础上进行管理思考。复杂性意味着以前经营管理中所认为的不是特别重要的一些因素，在今天可能会具有决定性的作用；意味着会有很多新的挑战出现，而我们的已知却不能给我们提供有效的帮助。

我们可以从复杂性的定义中感受到这些现象的存在。从定义上来讲，复杂性就是不可逆、不可预测的系统以及结构、状态的涌现和突变。理解复杂性，就要理解它的四个特点：不可逆、不可预测、涌现和突变。其中最重要的一点是，通过局部没有办法推知整体。

今天大部分企业的管理者是在工业时代成长起来的，已经形成了"整体等于部分之和"的思维习惯，在他们看来，把整体分解为部分，并把每个部分做好，部分之和便得到整体。"整体等于部分之和"是工业时代的特点，无论是企业内的分工，还是产业内的分工，在工业时代都发挥了很大的作用。来到数字化时代，来到这个复杂的世界中，整体远大于部分之和，通过局部没有办法推知整体。我们用在工业时代形成的管理方式，无法应对今天的挑战。

正是因为"通过局部没有办法推知整体"，所以管理层要有能力深入理解复杂系统的以下主要特点：

- 系统由多个主体组成。
- 主体间相互影响、相互作用，其中没有哪一个主体是独立存在的。
- 相互作用是非线性的。
- 主体能学习，具有适应性。
- 系统在宏观上展现出整体行为。

复杂系统的这些特点对管理层提出全新的要求，曾经行之有效的结构、权力以及相关的管理机制，可能都要做出彻底改变。在很多方面，尤其是在面向未来的发展中，管理层的危机在继续扩大：数字技术带来的新价值掀起传统管理职能的变革；数字技术赋能于人，淡化传统的管理功效，就如我们强调的那样，管理者需要"无我"，才能激活组织和组织成员；拥有数字技术的新生代员工，已经不再轻易相信领导者的权威，甚至会挑战其权威性；管理层要学习的新东西越来越多。

所有组织都处在复杂世界的挑战之中，这些挑战将影响组织中的每一个成员，管理层受到的影响将尤为突出。这并不是说管理层变得不重要，相反，在巨变的环境中，管理层的作用会变得更加重要。但是，我们需要更清晰地认识到，管理层的重要性取决于其能否胜任新的职责以及具备新能力，而不是取决于其过去的成功经验。当然，最大的变化和挑战依然属于高层管理者，他们必须清楚地了解到，中层与基层管理者是无法应对复杂性的，高层管理者要有勇气去面对变化，做出改变，找到解决方案。

高层管理者始终要为企业的未来发展确定方向，要为组织成员的成长提供条件，要带领大家摆脱危机。同时，高层管理者还必须关心环境的动荡、技术力量的自我约束、世界经济的变化、气候等因素，关注个体价值崛起、自媒体影响力渗透等带来的影响，并且在复杂的社会政治经济格局中为企业做出选择。在我们所调研的企业家群体中，越来越多的人把注意力和时间投入到企业外部，尤其是与社会的共生关系之中。

管理层既要面对当下的考验，又要对长期发展做出承诺，这意味着管理层需要知道自己所要面对的管理困境，如认知困境、认同困境、时间困境以及技能困境，并将自己置身于这些困境之中，找到走出困境的解决之道。

管理层需要了解自己的认知困境，认识到自己认知的局限性，通过持续主动地学习，提升自己的认知能力，并洞察外部变化转化为内部发展的可能性。

管理层要了解认同困境，搞清楚在多元价值观与个性自主发展的背景下如何真正包容多样性、接纳不同观点，要有灰度管理的能力，学会通过授权与赋能建立更有效的认同。

管理层要了解时间困境，这涉及两个方面的挑战，一是内部与外部的挑战，二是当下与未来的挑战，而贯穿其中的是数字世界。激发内部员工和获得外部广泛的信任，都需要付出时间价值。日常性事务往往会侵占"未来"的时间，如果管理层的精力都被当前的问题所占据，那么未来也会出现一系列问题或危机，如此循环，会使管理层深陷其中不能自拔。

管理层还会面对技能困境，关于这一点，我想很多管理者已经感受到了。数字技术带来的新工作方式、新商业模式、新行为与生活方式，都需要用新知识与新技能去适应，如果管理层不加速学习，被淘汰是必然的结果。

在传统的组织管理中，组织需要承担起培养管理者的责任。企业把管理者当成一种资源，对其进行投资，管理者因此被训练成为岗位的胜任者。正如本书第 5 章中所探讨的，工作者的工作是由组织指派和分配的，只要他们完成了组织分配的工作，就可以取得成效并获得奖励和晋升。但是在数字化时代，管理者的工作成效来源发生了改变，组织也不再能分配责任，而是与组织成员一起共创价值，所以，组织需要的是能够一起共创价值的成员。过去的培养方式不再适用，转变为赋能成员释放自己的能力和价值。在此背景下，管理者的培养是管理者自己的责任。所以，管理层只能靠自己，要不断学习新的技能，为自我发展担负起责任。

为自我发展担负起责任并不是一件容易的事情，首先要正视自己的局限性；其次要有目的地放弃自己原有的优势，学习新知识；最后还要提升自己的心性，学会接纳和包容多样性，并建立起广泛的合作与信任。这一切既是如此艰难，又是如此令人兴奋，因为由此会带来无限的可能性，所以请各位管理者尽快行动起来吧！

致
谢

ACKNOWLEDGEMENTS

因为新冠疫情，我不得不居家办公，在这期间，我给自己定了一项任务——写作本书。

从居家的第一天起，我唯一确定的就是做好当下。我快速确定写作目标，开始了这本书的写作。

在这段日子里，除了参与线上论坛和讲授在线课程外，我把全部时间都用来写作和思考。每天，只有窗外的鸟鸣、变幻的天气、风拂动树叶的沙沙响与我相伴，这使我完全沉浸其中，脑海里不断地构建着组织运行的全景图，并把自己置身于这组织场景之中。

最终，在居家的第73天，我完成了这项任务，随后开始修改完善。

这本书虽然是在居家期间写就的，但酝酿它却用了我整整10年的时间。从 2012 年起，我就开始了有关组织数字化转型的探索和思考。我从数字技术对个体的影响切入，深入思考其对组织各个领域的影响，并近距离跟踪观察企业的实践，才获得了 10 年后对这一主题相对完整的认识。这 10 年的认知过程以及众多企业和企业管理者的实践、众多学者的相关研究，帮助我将这些思考转化为围绕这一主题的发现和成果，我满怀感恩。

在本书中，我要特别感谢海尔、金蝶、致远互联、腾讯（企业微信）、东鹏饮料、波司登、大童、首钢股份、智盛永道、深圳创世纪和知室，正是你们的不断创新实践、开放交流和互动，让我能更深入地理解组织数字化转型所面对的挑战、所遇到的困难以及相关的解决方案。我还要特别感谢梅亮、钟皓、刘超、朱丽和尹俊在调研、分析和研究过程中的智慧贡献，感谢知室小伙伴们尤其是杨萍、陈岚、钱青青、孙琳莹的帮助，是你们让企业案例分析得以顺利进行。我同样要感谢机械工业出版社，感谢编辑们的专业贡献，是你们让我可以安心地做好自己的工作。

我还要特别感谢一些人，就是与我在课程中相遇的企业家和管理者。我们在课堂上探讨一个又一个问题，倾听彼此的想法、疑惑以及解决方案；我们在下课后继续展开对话和交流，在每次作业的答案中交换彼此的看法和判断；我们也在共同的学习中丰富着彼此的知识，使彼此的认知不断进化，并共同获得成长。

在居家的这段特殊日子里，我要特别感谢给我带来生活保障的企业和朋友们，云南白药、诺亚、龙湖、倍通数据、波司登、飞鹤等公司想尽办法为我送来生活物资，还有陈翔、栾奕、高扬、邵帅、旭江、沈鹰、施东升、周厦、陈戈、刘易等，向我提供了很多帮助。我还要感谢每天陪我跑步锻炼的小团队，感谢小亚董、建刚董、田老师和吴顿的线上激励和敦促，特别是小亚董的日记，让居家的我有一个完全不同的外部视角。我最要感谢的是王晖，他做的各色手工烤面包、超级美味的可颂、冰激凌，以及想办法团购到的我最喜欢的薯片，使我在特殊时期有一个稳定闲适的写作环境。

最后，我要特别感谢葛新，她在整个封控期间为我提供了全面的保障，从规律性安排饮食、督促每日跑步锻炼到安排作息时间，再到分享实践心得、在如何获得恰当观点方面提出建议以及在我写完第一稿后通读全稿，这些对本书的完成起到了难以估量的作用。

这本书无疑存在着不足，但它也如组织一般——允许新方法生长的组织，会幸存下来，并取得成功。让我们一起去不断探索组织成长的新方法，并伴随组织的成长而成长。

陈春花

2022 年 12 月 28 日于上海

陈春花管理经典

关于中国企业成长的学问

一、理解管理的必修课	
1.《经营的本质》	978-7-111-54935-2
2.《管理的常识：让管理发挥绩效的8个基本概念》	978-7-111-54878-2
3.《回归营销基本层面》	978-7-111-54837-9
4.《激活个体：互联网时代的组织管理新范式》	978-7-111-54570-5
5.《中国管理问题10大解析》	978-7-111-54838-6
二、向卓越企业学习	
6.《领先之道》	978-7-111-54919-2
7.《高成长企业组织与文化创新》	978-7-111-54871-3
8.《中国领先企业管理思想研究》	978-7-111-54567-5
三、构筑增长的基础	
9.《成为价值型企业》	978-7-111-54777-8
10.《争夺价值链》	978-7-111-54936-9
11.《超越竞争：微利时代的经营模式》	978-7-111-54892-8
12.《冬天的作为：企业如何逆境增长》	978-7-111-54765-5
13.《危机自救》	978-7-111-64841-3
14.《激活组织：从个体价值到集合智慧》	978-7-111-56578-9
15.《协同》	978-7-111-63532-1
四、文化夯实根基	
16.《从理念到行为习惯：企业文化管理》	978-7-111-54713-6
17.《企业文化塑造》	978-7-111-54800-3
五、底层逻辑	
18.《我读管理经典》	978-7-111-54659-7
19.《经济发展与价值选择》	978-7-111-54890-4
六、企业转型与变革	
20.《改变是组织最大的资产：新希望六和转型实务》	978-7-111-56324-2
21.《共识：与经理人的九封交流信》	978-7-111-56321-1